# いい親よりも大切なこと

子どものために
〝しなくていいこと〟
こんなにあった！

小竹めぐみ　小笠原 舞

JN220517

新潮社

# いい親よりも大切なこと
## ～子どものために〝しなくていいこと〟こんなにあった！～　目次

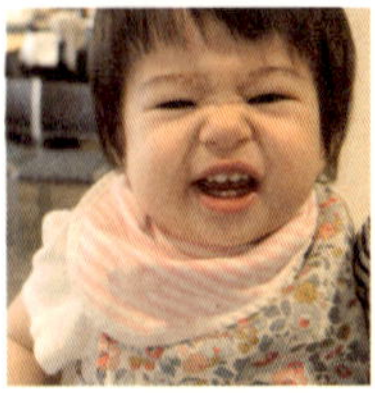

## 2章　遊びを子どもが楽しむために！　たった6つの「しない」こと　53

## 4章 親子関係がよくなる！ すぐ取り入れたいしつけ、4つの「しない」テク 119

# はじめに

## ◆理想の子育てって何だろう

隣に子どもがいる生活を、楽しんでいますか？

「子どもが生まれたら、あんなことをしてあげたいな。こんな子に育てたいな」妊娠中に、たくさんの希望を膨らませて、子どもとの理想の生活を思い描いた人は多いのではないでしょうか。

でも、実際に子どもとの生活が始まると、ほめて伸ばしてあげようと思っていたのに、イライラしてばかりいる。そして、そんな自分を「いい親ではない」と責めてしまう……。

保育士である私たちは、日々多くのママたちに出会うので、いろいろな質問を受けます。

「人見知りのわが子に、友達をつくってあげたいのですが、私も人見知りで……」

「子どもの自由にさせてあげたいけれど、しつけも気になります。どこまで受け入れてあげればいいんでしょう」

現代は、子どものためにこうしたほうがいい、これはしないほうがいい、といった具体的で膨大な情報がすぐ手に入る時代です。でもそのせいで、ちゃんとできない自分はダメな親なのではないかと思ってしまったり、何が正解かわからず途方にくれてしまったり……。ママのために！と提供されているはずのものが、逆にママを苦しめているのではないかと感じます。

## ◆保育士だから気づけること

私たちは、自分自身の子育て経験はありません。しかし、勤務先の保育園や幼稚園だけではなく、小中学校や高校での保護者向け講座などを通して、幅広い年齢のお子さんを持つママたちの本音に触れてきました。

すると子どもの年齢にかかわらず、ママたちに共通する悩みがわかってきました。

それは、「子どものために、いい親でありたい」という思いがあるのに、具体的にどうしたらそうなれるのかがわからないという悩みです。

そして、ママが子育てで不安になってしまう大きな理由が見えてきたのです。それは、自分の子どもひとりの事例しか知らないママが増えている、ということです。たとえ兄弟姉妹がいたとしても2〜3人でしょう。

私たち保育士は、一度にたくさんの、しかも同年齢の子どもたちを見るため、発達のペースや、個性の違いなど、比較的簡単にその子らしさを見つけることができます。また、大人と子どもの違いにも敏感になります。

子どもは視界も狭く、動きも遅い。手先もうまく使えません。知らないことやできないことがいっぱいあるけれど、だからこそ大人には考えつかないようなクリエイティブな発想が生まれる。

保育士として、子どもたちから学んだことは、既成概念にとらわれないことの大切さです。たとえば、「椅子」の使いみちは、〝すわる〟だけではありません。ひっくり返せば滑り台にだってなるし、ケーキ屋さんのショーケースにだってなる。子どもを見習って思い込みをなくしてみると、何気ない日常が楽しくなるし、子どもをもっと理解できることに気づかされました。

## ◆世にも新しい「おやこ保育園」

「保育士として培った子どもとのかかわり方を、直接届けられる場があったら、きっとママたちももっと気持ちが楽になるのにな」

「あ！　でも、保育士と親子がいたら、どこだって保育園だよね！」

そんな願いや思いのもと、自分たちの大切にしていることを詰め込んだのが、私たちの主宰する「おやこ保育園」です。

ただし、ここは通常の保育園とは異なります。「園舎はなく、園庭は街ぜんぶ！」「子どもも大人も一緒に過ごして、どちらも主役になれる」「親も、子どもたちも、保育士も、みんなフラットな関係で育ち合う」という場所です。

嬉しいことに、この小さくて、少し変わった、宣伝もしていない保育園を口コミで探し出し、入園を希望するママたちが、開園当初より後を絶ちません。

「子どもと一日中一緒にいると疲れる」「私はちゃんと、〝いいママ〟ができているだろうか」。そうした悩みを抱えて訪れるママたちは、「おやこ保育園」に通ううちに、「こんなふうに過ごせばよかったんだ!」と、肩の力が抜けて気持ちがとっても楽になるそうです。

「子育てが〝つらい〟から〝楽しい〟に変わった」「悩んだときに立ち戻れる軸を得た」などの嬉しい声を寄せてくれて、涙を流しながら卒園して行きます。

**◆大丈夫。肩の力を抜いていい**

大人と子どもの世界の架け橋になりたい。そう決意し、保育園を飛び出して早6年。「おやこ保育園」も、そしてその延長にあるこの本も、その「架け橋」としての試みのひとつです。本書は、これまでの経験、「おやこ保育園」で大事にしている考え方、ノウハウをベースに書き下ろしました(書籍として読みやすいよう、構成や伝え方は変えています)。

特徴は、「しなくていい」を軸にして展開している点です。ママたちと接する中で、「そこ、もっと手を抜いても大丈夫ですよ!」と感じたことを、届きやすくするには「〇〇しない」という書き方がベストだと考えました。

だって、大人が手をかけすぎなくても、子どもはちゃんと成長する力を持っている。
だからこそ、「いい親にならなきゃ！」と気を張らなくていいんです。

本書を読んだ後に、ママの肩の力がスッと抜けて、「子どもの隣で過ごす時間がギフトなんだ」と思える。そんな気持ちになってもらえたら、とても幸せです。

装画・挿画　鷲巣弘明
写真　こどもみらい探求社
平野光良（新潮社写真部）
装幀　新潮社装幀室

# いい親よりも大切なこと

~子どものために〝しなくていいこと〟こんなにあった!~

# 1章

## 子育てが楽になる！
## たった6つの「しない」こと

# 1　子どもにすべてを教えない

**◆子どもの特権は、知らないこと**

想像してみてください。

今、子どもと遊んでいるあなたの目の前にタンバリンがあったら、どうしますか？

タンバリンの白い面を「パーン！」と叩いてみせますか？　枠についている小さな銀のシンバルを「シャリン、シャリン」と鳴らしてみせますか？

これは、大人からしたら、何気ない行動ですよね。

でも、この些細な行動こそ、子どもが本来持っている「自分で考える力」を失わせてしまう可能性があるのです、と言われたら……？

私たちが主宰する「おやこ保育園」でのこと。

〝すべてのことを教えよう・手伝おう〟という意識を持たずに、子どもたちの前にタンバリンを、そっと置いてみました。すると、興味深いことが起こったのです。

0歳のTくんは、タンバリンに自ら近づくと、眺めたり舐《な》めたり、手で転がしたり、タンバリンに夢中です。しばらく遊んでいると、「あっ」という表情をみせてくれました。そう、自らの力で〝音が出る〟ということを発見したのです。

そういう姿に出会うたびに、心が躍ります。今、大人の社会で必要だと叫ばれている「自分で考える力」の芽は、「すでにここにあるんだ！」と。

彼らはまだ、楽器という存在さえ知りません。「これは○○だよ。こう使うんだよ」と教えなければ、大人が思う以上に、枠を越えた使い方や遊び方が生まれていったり、自分で答えを出せるようになるのです。「思考力や想像力を養おう」と、わざわざ声高にうたわなくても、子どもたちの中にはその芽がすでにある。たくさんの子どもたちと出会ってきた結果、〝**私たち大人の役目とは、この芽が育つ環境をつくることだ**〟という考えに行き着きました。

タンバリンの例に限らず、大人はついつい「子どものために」と先回りしてしまいがちです。子ども自身が十分遊び尽くした後に「実はこういうことにも使えるよ」と紹介するのであればよいのですが、はじめから「こういうものよ」と教えるクセがついてしまうと、子どもは学びを得る大切な機会を失うことにつながります。

「子どものために、自分のできることをしたい！」という気持ちを、丸ごと否定するつもりはありません。

しかし、教えたい気持ちをぐっとこらえて、見守ってみてください。それが、子どもが本来持っている様々な力を育てることにつながっていくのです。

## ◆「教えない」は、親も気楽！

もちろんすべての事柄に関して「教えない」を推奨しているわけではありません。

でも、「教えない」ことを、選択肢のひとつに入れてみてほしいのです。

子どもだけではなく、人は試行錯誤してこそ、自分なりの答えに辿《たど》りつきます。

そして、もうひとつ。嬉しいことが起こるんです。教えないで、子どもなりにさせてみる習慣がつくと、大人たちが〝楽〟になるのです！

「おやこ保育園」のママたちの声を、ここでいくつかご紹介します。

「私自身の価値観を知らず知らずのうちに教えこんでいたようです。それが、いかにこの子らしさを失わせてしまうかに気づくことができました」

「大人が遊び方を教えてあげないと、一緒に遊ばないと、などではなく、子どもの内側から湧いてくる探求心や行動こそが素晴らしい！　今、前より子育てが楽しいんです！」

まずは「教えること」を一度〝手放し〟て、子どもと一緒に、この世界にもっと目を向けてみませんか？

## 2「してあげなきゃ」リストをつくらない

### ◆「もっともっと」はきりがない

仕事柄、多くのママたちと接する中で気づいたことがあります。

多くの人が、「子どものために、もっといい親でいなきゃ」という呪縛《じゅばく》にかかって苦しんでいるということです。

「おやこ保育園」に通っていたママたちは、こんなことをよく言っていました。

「子どもが苦労しないように、もっと勉強ができるように、といった教育をしてあげることが母親の責任だと思ってた」

他にも、「もっとイライラしないようにしないと」「もっと社交的な子に育てなくちゃ」など……。

どうやら、〈親としてこうありたい・子どもをこう育てたい〉という、2つの大きな期待から、たくさんの「してあげなきゃ」リストを抱えてしまう人が多いようです。

気づいた頃には自分のキャパシティ以上の「やるべきこと」を生み出し、それに追われて消化不良になり、「子育てが何だかつらい……」となる。これが現代のママたちならではの〝しんどさ〟だと思います。

ある2歳の男の子のママも、このリストを抱えて苦しんでいましたが、「おやこ保育園」に通って、考え方に変化が起きたといいます。

「勉強できなくったっていいし、困難を乗り越えられなくて逃げたっていい。生きていてくれたらそれだけでいいや。息子に会えた、私はそれだけで、もう十分幸せだ」

「もっともっともっと」はきりがありません。

「してあげなきゃ」リストを手放した先には、こんな風にシンプルで、とても大きな気づきが得られるのです。

## ◆「いい親」って何だろう？

「いい親にならなきゃ」と苦しんでいるママには、「いい親って何だと思いますか？」という質問をします。

とてもシンプルな問いです。でも、意外とその答えをスラッと言える人は少ないもの。実はこれ、ひとりひとりに聞いていくと面白いことがわかります。

なんと、みんな、この答えがちがうのです。自分と他人の描く「いい親像」が真逆であることさえあります。


何をすればいい親なのか？

誰に認められればいい親なのか？


「いい親」という100点満点の答えなんて、実は世界中どこを探しても見つかりません。いい親像とは、結局のところ自分の思い込みに過ぎないのです。

ママ友や学生時代の友人に聞いてみるのもいいでしょう。一番身近にいる家族や夫婦でさえ、自分とはちがう意見を持っているはず。きっと、「答えはこんなに多様だったんだ！」と驚かされると思います。

普通に暮らしていては、なかなか気づけないこうしたことに、「おやこ保育園」に通うママたちは自分のペースで気づいていくのです。

「自分らしさ」を大切にするだけでよかったんだと気づいて、「いい親像」に縛られなくなったママたちの顔は、本当に清々しい表情をしています。そして、その先にはもちろん子どもたちののびのびした姿と、気持ちのよい表情が。

「おやこ保育園」でこういった変化を目の当たりにする度に、私たちは、「この園を始めてよかった」と、心から思うのです。

## ◆「いい保育士」をやめたら変化した子どもたち

「いい親」呪縛ならぬ、「いい保育士」呪縛とでもいうのでしょうか。実はかくいう私たちも、保育士になりたての頃は、「〇〇しなければ」と苦しんでいました。

約30人の5歳児クラスを担任していた頃のこと。あまりの忙しさに、お昼ごはんを急いで口に流し込み、子どもたちのサポートにいち早く取りかかろうと必死になっていた時期がありました。

食べ物をこぼす子、なかなか食べ終わらない子、人より早く食べ終わる子。どの子にも目を行き届かせることこそが理想的な保育士だと思い込んでいました。

でも、あるとき気づいてしまったのです。「食べることは大切」「よく噛《か》んでね」と言いながら、自分自身が真逆の行動をとっていたことに。しかも、その姿を毎日子どもたちに見せていたのだ、ということに。

自分が目指していた「いい保育士」って何だったんだろう？
残さず食べさせること？
こぼさず食べさせること？
時間内に食べさせること？

考えてみれば、クラスの子どもたちは、この世に生まれてまだたったの5年。お箸《はし》やスプーンが上手に使えないなんて当たり前。こぼすのだって当たり前。その子の「今」の状態をもっと認めてあげればいいんだ、と気づきました。ひとりひとりの自分らしい食べ方やペースを大切にしよう、と思ったのです。
そこで私自身も、自分のペースでお昼ごはんを食べることにしたのです。

すると、子どもたちにある変化が起きました。
よく食べ物をこぼしていたSちゃんは、自分の口のサイズに合う分量をスプーンですくえるようになりました。ふざけて床に食べ物をこぼしていたTくんは、自分で掃除するのは面倒だと気づいたのか、ふざけてこぼすことがなくなっていきました。隣の子がこぼしても知らん顔だったKちゃんは、一緒に掃除を手伝ってあげるようになりました。

「ちゃんと食べてくれないから、私の仕事が増えるんだ！」と、ストレスを抱えていた頃がウソのように、子どもたちが自発的になっていき、サポートをする必要がどんどんなくなっていったのでした。

## ◆〝子どものために〟が、親と子どもを苦しめる!?

「いい親になろう」と頑張るあまり、ついやりすぎてしまうことはありませんか？一度言えばいいことを、何度も注意したり、しまいにはちゃんと理解したか確認するために、もう一度同じことを言わせたり。

親がしっかりしているから、子どもがしっかりするわけではありません。「いい親になろう」と頑張っているから、「いい子」になるわけでもありません（そもそも、いい子って何？　という議論も）。

そんな思い込みで突き進んでしまうと、次第に子どもを苦しめる親になってしまうかもしれません。

子どもと自分の「今」の状態を否定せずに受け入れることで、「いい親になろう」という気持ちを手放してみることをおすすめします。

そうすれば、きっと子育てで一番大切にしたいことが見えてくるでしょう。

# 3　生活リズムに縛られない

## ◆一日3食、食べられない日があってもいい

「うちの子、食が細いのか、3食きちんと食べないんです。どうしたらいいですか？」と聞かれることがあります。

小さな子どもを持つママの中には、本やネットなどで見た、子どもの一日のスケジュール通りに生活しようと頑張ったり、子どもの生活リズムを整えることに必死になったりする人が多くいます。

こういった会話を聞いていると、食事以外でも毎日ハラハラしながら過ごしているようにも感じます。「13時からお昼寝させないといけないから帰るね」「うちの子、今日まだうんちが出ていないから、もっと食物繊維を食べさせなきゃ」など……。

でも、考えてみてください。大人でも、体調やその日のスケジュール次第で一日3

食、同じ時間に食べることは難しいですよね。生まれて間もない子どもがきっちり生活リズムを守れるほうが不思議なくらい。

「守らなければいけない生活リズム」があるのではなくて、子どものまだ定まっていない生活リズムを整える手助けをするために、大人がある程度、目安の時間を決めてあげよう、くらいの感覚でよいのです。

毎日3食を同じ時間にきっちり食べさせないと、ちゃんとした大人になれないのでしょうか？　そんなことはありませんね。もちろん、毎日1食というのは心配ですが、たまには食事ができないタイミングがあっても、十分許容範囲内だと思います。

要は、それ以外の食事や、補食で栄養を補えばいいだけの話。どうか、「一日何回！」「何時にぜったい！」などという数字や時間だけにとらわれるのではなく、子ども自身をじっくりと見てあげてください。

私たちが懇意にしている栄養士さんによると、食べむらがあっても一週間の単位で見たときに、体重が極端に減っていなければ、気にしないで大丈夫とのことでしたよ。

### ◆初めから完璧を求めない

お風呂も同じです。一日の終わりに必ず入れないといけない、と誰が決めたのでしょうか。もし、その前に子どもが疲れて寝てしまったら、次の日の朝に入ればいいだけのこと。寝てしまった子どもを無理やり起こしてまで入れる必要はありません。

どれもこれも完璧に、毎日同じリズムを守ろうとすることで親も子どもも疲れてしまう場合は、優先順位をつけてしまえばいいのです。

たとえば、眠る時間を一番優先させたいのか、毎日お風呂にだけは入れたいのか、一日3食のご飯を食べさせたいのか。

もし何時までに寝かせるというルールを優先したいのであれば、そのために何かを〝しない〟ことも大事な選択のひとつ。

そして、その決めたルールを達成できたら、「今日はこれでいいんだ」と自分にも子どもにも花丸をあげてくださいね。こんな風に、1個ずつ「できたね」を積み重ねていけばいいのです。

**やれなかったことは、決して「手抜き」**なんかじゃ**ありません。ただ、今日できることをやった、**ベストな**結果です。**

必死になって、眉間にシワを寄せて子育てするぐらいなら、「今日はこれでいっか」とできるかぎり気楽に過ごしてみませんか？「〜ねばならない」を少しだけ手放してみてください。「素敵だな」と思うママほど、心に余裕を持ち、楽観的に考えているものです。

### ◆子どもと接するときの「マナー」

生活リズムに縛られすぎてしまうと、子どもが苦しくなってしまいます。せっかく子どもが楽しんでいるのに、それに気づけず、大人の都合で「今」を中断してしまうことほどもったいないことはありません。0・1・2歳児は、自分のつくりだした世界に入り込んで遊ぶことが大事な時期です。遊びを中断されるということは、とても大きなストレス。さらに、子どもの探求心を阻害することにつながってしまうのです。

そもそも、子どもと大人は、流れている時間がちがいます。突然言葉をかけられても、すぐには動けないのが子ども。一方、見通しを立てて、計画通りに進めることができるのが大人です。遊びを中断されて「帰るよ」と言われると、床に寝っ転がって足をバタバタさせ、グズってしまう子がいますよね。それはまさに子どもらしい反応であり、自然な姿なのです。

では、どうすれば納得してくれるのでしょうか。

私たちがよくやっている方法をお伝えします。

- 「まだ遊びたいよね」と気持ちを代弁してあげながら、一緒に悲しんでみる
- この次にあるワクワクする予定を伝える（年齢によっては、あらかじめ先に伝えておく）
- 「あと○回にしようか」など、終わりが見える遊び方を提案する

これは、子どもと接するときの最低限の大人側の「マナー」だと思っています。時間の概念がまだなく、常に「今」に夢中になる子どもには、大人時間が通用しないのだということを知っておきましょう。

大人と子どもは、流れる時間がちがいます。まずは、その事実を受け止め、大人の都合だけで子どもを動かさないように意識できるとよいですね。

「今」を大事にする子どもを見守ってあげる。そして、私たち大人も、「今」にこそ価値があることを認める。

子どもに流れる時間を認めてあげることは、子ども自身を認めてあげることにつながります。それが、自尊心の高い子に育てる、最初の一歩です。

# 大人と子どものちがい

- 過去や未来を考えられる
- 他人の目が気になる
- 既成概念にとらわれがち
- 感性が鈍い
- 視野が広い
- 感情をコントロールできる

- 今を感じる
- 他人の目を気にしない
- 既成概念にとらわれない
- 感性が鋭い
- 視野がせまい
- 感情をコントロールできない

## ◆子どもの世界に浸《ひた》ってみよう

けれども、毎日を子どもの時間軸で生活するのは大人にはとても難しいこと。保育園や幼稚園に連れて行ったり、病院の予定があったりと、スケジュール通りに生活しないと日常は回らないのですから。でもたまには、子どもに寄り添うことを目的にする時間をつくって、子どもの世界にどっぷり浸ってみてはいかがでしょう。あえて、時計を見ないで過ごしてみることも、おすすめです。

そうすることで、「上の子より、下の子の方がゆっくり」など、子ども独自のペースがあることに気づくはず。

大人だってペースは人によって違うのですが、意外とそこに気がつく人は少ないのです。たとえば、1冊の本を読むペースも、人それぞれちがいますよね。見た目や性格のちがいだけを個性というのではなく、〝ペース〟だって立派な個性。それを尊重してあげると子どもは喜ぶでしょう。

生活リズムは、大人がつくるものではありません。本来は、ペースと状態を見ながら、子どもと一緒に築くものなのです。

# 4 いつも笑顔じゃなくていい

## ◆その笑顔、作り笑いになっていませんか？

「はい、こっち見て笑って〜」

写真を撮るときって、ついつい子どもに笑顔を求めてしまいますよね。これまで撮ってきた子どもの写真が笑顔ばかりという人も多いはず。そういう人たちにこそ、笑顔以外の表情の価値をお伝えしたいと思っています。

大人は、とりわけ笑顔を好みがちです。確かに笑顔を見ると楽しい気持ちや嬉しい気持ちになります。

しかし、大人になるといつの間にか、笑顔を意図的に利用することも増えていきます。敵意がないことを示すときに、「ここは愛想笑いをしておこう」とわざと笑ってみたり、本音を隠せたり、相手に共感しているように見せることができたり。

笑顔によって敵を減らすこともできるでしょう。でも、笑顔って本当にそんな使い方をするものなのでしょうか？

講演や研修の仕事で、中学生、高校生、大学生とも接することがあります。私たちの実感として、年齢が大きくなるにつれて大人と同じように、相手の顔色をうかがったり、愛想笑いをするのがうまくなっているように感じます。こういうふうに反応すれば相手が喜ぶということがわかってくるからです。

その行為を全くするな、とは言いませんが、そればかりしてしまうと、常に自分の本当の気持ちに蓋《ふた》をしてしまうことになります。要は、相手に合わせてばかりとなり、自分がどんなときに楽しいのか、どんなときに悲しいのかなどの気持ちに気づけなくなってしまうのです。

きっとこれまで、親や先生の言うことなど、大人の希望を優先せざるを得なかったのでしょう。

笑顔でいることだけを優先せず、喜怒哀楽といった様々な感情を意識するだけでも全然ちがいます。この機会に、自分の正直な気持ちを素直に感じてみませんか？

## ◆「笑顔」「元気」が一番という思い込みをやめる

今、喜怒哀楽が大事だと語る私たちですが、保育業界でも、笑顔崇拝ともいうべき傾向が大いにみられます。

保育園や幼稚園では、降園の際に、「笑顔で楽しそうにしていました」「今日も一日元気に過ごしていましたよ」などと伝えることがよくあります。「笑顔」「元気」が暗黙のルールのようになっているのです。

もちろん親を安心させるためには効果的ですが、私たちはこの傾向にずっと違和感を抱いていました。笑顔だけを認めるということは、「笑顔じゃなければいけない」というメッセージにもなるからです。

本当は、「今日はケンカをして拗《す》ねていました。今もまだ拗ね続けています」だったり、「一日窓から外を眺めて過ごしていました」でもいいはずです。「笑顔」「元気」以外のことも報告にあるべきで、その子の今の状態をありのまま伝えるほうがいい。そうすれば、「子どもにとって、どんな状態も大切なんだ」「元気じゃない日があったっていいのね」と、ママも、子ども自身も、思ってくれるのではないでしょうか。

子どもの中に生まれた気持ちを、ひとつひとつ認めてあげることが、子ども自身の安心感につながります。

いつも「笑顔」を目指さなくていいし、泣きたいときに泣ける人であってほしい。

拗ねている子には、「大事にしたいことがあったんだね」と言ってあげたい。

自分から生まれ出た感情には、どれも意味があるから、どれも理由があるから、どれも大事なんだよと伝えてあげたい。

その負の感情をすべて出し切った後に、スッキリして、自然と笑っているあなたの笑顔があることを私たちは知っています。

なぜなら、笑顔はつくるものではなく、勝手にやってくるものだから。

# 5　子どもを100％愛そうとしなくていい

## ◆愛し方は人それぞれ

わが子がやんちゃだったり、誰かを傷つけたりするようなことがあると、「満たされていないのだろうか、私の愛情不足かもしれない」と不安になってしまう、そんな経験はありませんか？

でも、子どもが求める愛情に１００％応えられている親が果たしてどれほどいるのでしょうか？　そもそも、〝愛する〟という行為自体が非常に曖昧《あいまい》なもの。１００人いたら１００通りの愛し方があるのです。

他人からは、子どもをとても愛しているように見えても、当の本人たちはまだまだ足りないと思っているかもしれません。もしくは、そうは見えなくても、実はすごく愛し合っている関係性もあります。

また、そのときは愛していると は思えなくても、結果、振り返ったときに「愛していたんだ」と、時間が経ってから気づくケースもあります。今、もしあなたが「子どもを大事に思えない」「子どもを思うように愛せていない。自分は親失格ではないか」とつらい気持ちを抱えているのであれば、そんなことは、今考えなくて大丈夫。あなたに伝えたいことはただひとつ。

**「今日も、子どもと生きてね。ただただ、一緒に」**

だって、一緒に過ごすということ自体が、愛情あふれる行為なのだから。そうやって、毎日を積み重ねていって、あるとき後ろを振り返ったら、信頼関係や絆《きずな》や愛情が自然に生まれていた。愛とはそういうものだと思います。だからこそ、今100%愛せていない気がしても、自暴自棄にはならないでくださいね。

### ◆手作りだけが、愛情の証《あかし》ではない

「母親であるからには、こうしなきゃいけない。私もそうする」という思考ループに入ってしまい、子育てがつらくなるママが大勢います。

「こうしなきゃ」とママを苦しめているリストのトップ5に入っていると思われるのがお弁当。なぜかお弁当は、「愛妻弁当」などと呼ばれるなど、愛とセットで語られ

ることが多い代物です。手作りのお弁当は愛情の深さを示すものではなく、愛情を表現する手段のひとつに過ぎません。それなのに、他人と比較してしまうママの多いこと！　幼稚園で手作りのお弁当を奨励しているところもあるため、不慣れな親には余計にプレッシャーになっているようです。

ちなみに、「おやこ保育園」では、お昼ごはんだって個人の自由。朝、おにぎり屋で買ってくるママもいれば、人気のうどん店にテイクアウトしに走るママもいます。「各自お任せしまーす」のスタンスなのです。もちろん自分で選んで手作りのお弁当を持参するママもいます。驚いたのは、このお昼のスタイルが「自由でありがたい」と、ママたちが喜んでくれたことです。

私たちがお昼ごはんの時間を大事にしたのは、親子で楽しんでほしいという思いからだったので、そうするのは当たり前でした。しかしママたちからは、「えっ！　いいの？」「すごい楽！」という反応。

子どものためには手作りのお弁当が一番、という風潮はまだまだあります。しかし、料理が苦手な人もいれば、手作りをしたくてもできないほど忙しい人もいます。それにより子どもにまでイライラをぶつけてしまう可能性だって出てくるかもしれません。

ママが必死になって「せっかくつくったのに食べてくれない！」などと怒るのはもってのほか。そうなってしまうと、一番被害を受けるのは子ども自身です。子どものためにと頑張っているはずなのに、それでは本末転倒です。「母親であるからには、こうしなきゃいけない。私もそうする」というループから抜け出して、「私らしく、こうしよう」という新たなループをつくっていけると、とてもよいですね。

### ◆子どもは、愛情を貯金できない

子どもへの愛情の伝え方は人それぞれ、という話をしました。ご飯をつくるのが好きなら、ご飯で愛を伝えればいいし、絵本を読むのが好きなら、絵本を読めばいい。直接言葉にして「大好きだよー」と言うのが好きな人は、そうすればいい。ハグなどのスキンシップで伝える方法もあります。やり方は色々ありますよね。

どんな方法でもいいのですが、これだけは子どものために歩み寄ってほしいことがあります。それは、〝**一日1回は愛情を伝える時間をつくる**〟ということ。なぜなら、子どもは愛情を貯金しておけないからです。

愛情を貯める子どもの心の器の大きさは、大人よりもうんと小さい。そのため、次の日の分まで貯金ができないのです。一日たった5分でもいい。その時間は、子どもに愛を伝えるためだけの時間にしましょう。大事なことは、「○○しながら」ではなく、その5分間は子どもに集中すること。

布団の中で抱きしめてもいいし、恥ずかしかったらくすぐりあうだけでもいいのです。「今、あなたを見ているよ」というメッセージが、今日、どれほどわが子を安心させるか。愛情の伝え方は100人いたら100通りですが、この珠玉《しゅぎょく》の5分間は、子育てをするすべての人に取り入れてもらいたいと願っています。

# 6 子育てに軸はいらない

**◆ブレたっていい。その都度、向き合えるから**

「私、すごくブレちゃうんです」。日頃、ママたちから頻繁に言われる言葉です。

そして、私たちは「お二人はいつもブレなくてすごいですね」、とよく言われます。

そんなママたちに次のように返すと決まって驚かれます。

「私たちもよくブレていますよ。でも、そんな自分たちのままでよいと思っていま す」


私たちがそれでよいと思っている理由。それは、ゆらゆら揺れるほうが人間らしいと思うから。感じる心がある証。「あぁ、生きている」って思えるから。

そして、絶対的な軸は持たず「私たちは、こう！」と決めていないからこそ、柔軟に人の意見も「あ、いいな」と取り入れることができる。これまでの自分が大事にしていた考え方ややり方も、「いいや！」と手放せる。

今の自分に必要かどうか。その判断基準で取捨選択できることこそが、とても重要だと思うのです。だからこそ、よりよい形に変わっていけるし、無理なく自分らしく生きていけると思っています。

### ◆軸があるから苦しくなる⁉

ブレない軸がある人は、揺るぎない答えをすでに持っています。でも、その他の選択肢を探さなくなったり、「いいな」と思っても取り入れられなかったり。ちょっと「あれ？」と思っても、「決めてるから」と言って、自分の考えを曲げなかったりと、苦しくなってしまう可能性も。

ブレない軸がなければ、状況に応じて揺れながら、過不足を補っていけます。

そのときどきで、振り子のようにバランスをとりながら、今の自分や子どもにとって「いいな」と思うところを見つけていける。子どもの成長はもちろん、時代も、自分自身も変化するもの。実は、ある程度の柔軟性があったほうが生きやすいのです。

もちろん、軸がいけないわけではありません。臨機応変に変えていけるのであれば問題ありません。ただ、一度決めた軸を固定してしまい、他の考え方が入る余地がなくなってしまうと要注意。もし、それを子どもにも無意識に押し付けてしまっているのであれば……それは控えてみてほしいと思います。なぜなら、子どもは大人以上に成長・変化が著しく、その時代に合うように育っていくものだからです。

### ◆夫婦で意見がちがうのは当たり前

「夫と意見が合わないのですが、子どもが戸惑っちゃいますよね」と言われることもあります。でも、子どもが戸惑うのは、いけないことなのでしょうか？

夫婦で意見がちがうのは当たり前。

何しろちがう人間ですし、ちがうからこそ惹かれ合った夫婦も多いはず。ただ、子育てはチームプレイであるがゆえ、自分と同じ考えを相手に求めてしまいがち。でも、二人で育てているならば、むしろ夫婦間でちがう意見を持っていることを子どもに見せてあげてほしいのです。

子どもの質問に答えるときに、「ママはこう思うの、でもパパにも聞いてみてね」と言えばいい。事前に「パパは何て答えるかな」と伝えておけば、「ちがうことが当たり前なんだ」と思い、戸惑わなくなるのです。

## ◆世界が多様であることを伝えよう

夫婦の意見がちがうと、子どもが多様な考えに出会える。そんな風にも考えられます。子どもの考え方がより柔軟になり、ひとつの考えに固執しない、魅力的な大人になるのではないでしょうか。

また、そのほうが将来、自分らしさを見失わず、やっていける大人になると私たちは考えます。

だって、世の中は自分とちがう人ばかりです。自分が感じていることと相手が考えていることがちがうという原則を知っていると、強いと思いませんか？

どんな逆境でも自分の力で答えを探し、どんな異文化でも受け入れる心の土壌を持てることでしょう。

「人の数だけ正解がある」ということに気づける機会が、家庭内にあるのはとてもラッキーなことです。

もし夫婦で話し合いをして、「同じ意見にしようね」と決めたのであれば、その話し合いのプロセスもすべて子どもに見せてあげてくださいね。なぜその答えに至ったのかを知ることは、子どもにとって大きな学びになるからです。

# 2章

## 遊びを子どもが楽しむために！
## たった6つの「しない」こと

ママたちに、お子さんが好きな「遊び」を挙げてみてくださいというと、「お絵かき」「お人形遊び」「ブロック」「おままごと」「水遊び」「砂遊び」……などの答えが返ってきます。

どれも正解です。でも、本当にそれだけでしょうか？

保育士時代から今まで活動を続ける中で、多くのママが〝名前のついている遊び〟のことだけを「遊び」だと思い込んでいるなと感じていました。

子どもと遊んであげない自分は、子育てをサボっているのではないかというような罪悪感を抱いている人が多くいました。それが高じて、「どうやって子どもと遊んだらいいかわからない」という悩みにもつながっていくようです。

一方、私たちが考える「遊び」とは、もっともっと自由なもの。**子ども自身が集中していること、または夢中になっていることは、すべてが「遊び」**です。

白線の上を歩いていたり、すき間に指を突っ込んでみたり……大人から見たら、まるで意味のないような行動でも、子どもにとっては立派な「遊び」なのです。

ここでは私たち流の「遊び」についての考え方や、具体的な「遊び」の方法を紹介していきます。「遊び」に対して無意識に持ってしまっていた固定観念を手放したら、子どもはもっとのびのび、ママはもっと楽に過ごせるようになるはずです！

# 1 「いないいないばあ」はやらない

### ◆親はエンターテイナーではない

ママたちに子育て話を聞くと、本当によく頑張っているのだな、と驚かされます。先日出会ったママに、「子どもが『いないいないばあ』が好きなので、先日30分やって疲れてしまいました。いつやめればいいのでしょうか?」と相談されました。

「いないいないばあ」は、確かに子どもが喜ぶ遊びですが、1分やっただけで疲れるのに、30分間続けたというのだから本当にすごい。そのママは子どもを喜ばせたいという気持ちが強かったのでしょう。でも、子どもと過ごすうえで、大人が無理をする必要はありません。

私たちが思うやめどきは「親が疲れたとき」。それは遊びに限らず、多くのことで言えるでしょう。

「いつも、親が子どものためのエンターテイナーになる必要はない」というのが、私たちが行き着いた考えでした。「いないいないばあ」に限らず、エンターテイナーとして振る舞うことが染み付いている大人たちにたくさん出会いました。

特に子どもが小さいと、「楽しむ＝子どもが笑う」「楽しむ＝子どもが大きな反応をする」と思いがち。子どもの反応が薄いと余計「何かしてあげなきゃ！」と思ってしまうようです。

まだ親になっていない人の中からも、「子どもが苦手」という声が聞こえてくることがありますが、そうした人もやはり、「子どもは、大人が遊んであげなければいけない存在」と思い込んで、実際に触れあう前から「難しそう」「大変そう」と構えてしまっていることが多いのです。

### ◆あらゆるものの力を借りて、子育てをしよう

0歳児などをおんぶしてどこかに行くと、彼らは自然とあたりを見渡しています。いつもと違って見えるから、それだけでも子どもは楽しむことができます。今は抱っこ紐を使った抱っこが主流ですが、ずっとママの方を向いて抱かれているよりも、大人と同じ目線で世界が見えるほうが、子どもにとって出会いが広がり楽しいのです。

子どもに対して、自分が常に何かをしてあげなくても大丈夫。

自分以外の、鳥や、風や、人たちが、子どもに刺激を与えてくれるのです。それがわかると、気持ちも楽になりませんか？

この世には、子どもにとってのエンターテイナーとも言える、わくわくするものが溢《あふ》れています。自然や生き物など、あらゆるものの力を借りて、子どもを育てていけばよいのです。

**◆五感に響くだけで「出会い」**

先日、「せっかく人気の水族館に連れて行ったのに、子どもがすぐ寝ちゃった」と嘆いているママがいました。普段見ることのできない魚の世界を、子どもに見せたくてわざわざ連れて行くのですから、そうぼやきたくなる気持ちもわかります。

でも、うす暗くて、心地よいＢＧＭなんかが流れていて、魚や海藻のようにそよそよしたものを見ていれば、やっぱり眠くなってしまうのです。

そこで、「ああー、寝ちゃった」と残念がったり、無理に起こしたりする必要はありません。実は、それでも十分に子どもはその場を「感じている」のです。

たとえば、「おやこ保育園」では散歩の時間を設けていますが、歩けない月齢の子を持つお母さんは、「え、散歩？　意味あります？」と、一瞬ぽかんとなります。でもたとえ寝ていても、寝ている横で花の香りがしただけで、子どもはしっかり、その花を感じているのです。良かれと思って何かを与えても、大人と同じように反応するとは限らないのが子どもたち。それでも、子どもなりに楽しんでいるのです。
「出会うことが大事」という話をすると、どうしても子ども向けの企画や場を発想しがち。「何か新しいものに出会わせないと！」と焦るママもいますが、難しく考えなくて大丈夫。五感に響くものなら、もうなんだってＯＫなのです！

どうか、「子どもと一緒に今日に出会う」という気持ちで出かけてみてください。外に連れ出せるようになったら、自分が興味のある人に会うのもよし。お気に入りの景色を観に行ってみるのもよし。そうすれば、ママ**自身**の〝**好き**〟も**大事**にしながら、**子ども**に**新**しい**出会**いを**贈**ることができるのです。

### ◆暮らしにひそむ「出会い」

とはいえ、毎日毎日外に出てはいられないですよね。でも、家の中にだって、子どもが楽しめる要素がたっぷりあります。たとえば、今日料理をする夕飯の素材を、ひとつひとつ触らせてあげるのだって、立派な出会い。子どもにとっては、遊びにもなります。

包丁でトントントンと野菜を切る音、ジャッという炒め物の音。そんな音だって、子どもたちは十分楽しむことができます。

そういう子どもたちの楽しみ方を見ていると、いつも大人の想像を超えてくるなあと思います。無理にこちらが何かしてあげようと思わなくても、ただ、暮らしの中に、彼らが反応する出会いや遊びや学びの要素がたくさんあることを知ってほしいのです。それがわかった上で、**一緒に〝暮らしそのもの〟を楽しんでみてください。**

日常の中にすでにある、音、光、香り……といろんな要素が今日をつくっています。特別なことをしなくても、そのひとつひとつに出会っているということを知っているのが大切なのです。

どうでしょう。「いないいないばあ」をやらなくても、もっともっといろんなものが、子どもに**素晴らしい世界を教えてくれる**ということ……わかって頂けましたか？

## ◆遊びを邪魔しない

誤解しないでほしいのは、「いないいないばあ」が悪いわけではないということ。初めて会った小さな子どもと仲良くなるときや、ご機嫌ナナメなのを早く直したいときなどに、「いないいないばあ」はとても効果的です。

では「いないいないばあ」などはもう卒業した1歳以降の子どもを持つ親には、関係のない話でしょうか。

いえいえ、むしろ1歳以降こそ、エンターテイナーとして振る舞う親が多いのです。なぜって、「あれをやって」「これをやって」と子どもに求められるから。

親だけではありません。子どもが受け身になるような娯楽や玩具はこの世界にたくさんあります。与え続けると、次第に子どもは、その存在が当然だと思うようになっていきます。

親が色々と提供しすぎることで、子ども自身が自ら楽しむ力、遊ぶ力を失ってしまう可能性があるのです。

少し放っておくと「遊んでー!!」「もうつまんない！」、何かしたいときには「やってー!!」と……。親や周りに求め続けるなど、ちょっと恐しいループが始まってしまうかもしれませんよ。

# 2　子ども向けばかりを選ばない

## ◆子どもはなんでも受け止められる

「子ども向け」のテレビ番組、音楽、映画……。その道のプロが作りますから、子どもの好きなこと・ものをよく研究してあって、子どもが喜ぶように作り込まれていますよね。でも、ここではあえて、「子ども向けばかりを選ばないで」と言いたい。

たとえば子どもが好きな遊びのひとつである、音楽。メロディやリズムに合わせて歌ったり、踊ったりと、子どもは音楽が大好きですね。幼児向けの歌番組は、いつの時代も大人気。園に勤めていた頃にも、子どもたちと聞くことがありました。

けれども一方で、クラシックや、ロック、ジャズ、お祭りで流れるおはやしや日本の伝統的な民謡、アフリカン・リズムだって、子どもたちの心や身体は反応します。大人と同じ、ひとりの人間である子どもたちは、100人いれば、好きな音楽も100通りです。

だからこそ、バリエーションとの「出会い」を大事にしてほしいのです。

この世には、本当に様々な音楽が存在しています。

子どもと一緒に、出会い直していくような気持ちで、親子でいろんな音楽に触れてみてください。それは、親の世界が広がるきっかけにもなります。

まずは「音楽と仲良くなろう」というくらいがポイントです。「クラシックの深い魅力を子どもに一から伝えたい！」などと気合いを入れすぎないで。

「音」そのものと仲良くなること。そこから初めて、音楽の楽しさがわかっていくのですから。

## ◆たとえばこんな音楽たち

「それいけ！オルガン探検隊」という、4歳以上の子どもを対象にした企画があります。サントリーホールが主催するイベントで、過去に私たちも関わらせてもらっていました。

プロの生演奏でパイプオルガンの音色を聴くという内容で、本物のオルガンの音を聴くのが初めてという子どもたちが多く、目を大きく見開いて聴き入ってくれます。

飽きてしまうのではないか？　という大人の心配も何のその。約1時間のプログラムを最後まで楽しんでくれます。このように、子どもと一緒に足を運べるようなコンサートは最近少しずつ増えてきているので、チャレンジしてみるのもひとつですね。

絵本でだって、音楽は楽しめます。『リズム』（真砂秀朗／著　ミキハウス／刊）という絵本は、「ゴドゴパッグ、ゴドゴパッグ」など、まるで呪文のようなアフリカのリズムがたくさん出てきます。普段耳慣れない言葉に、子どもたちは笑いながら「もう1回！」とねだるのです。山ほどの大人がいる場でも読んだことがありますが、大人も笑って、みんなで繰り返し、とても盛り上がりました。

また、「おやこ保育園」で、お寺のお堂にみんなで行ったときのこと。住職さんの鳴らすボォーーーーンという銅鑼《どら》の音や、シャラシャラシャラという錫杖《しゃくじょう》の音、ポクポクポクという木魚の音など、その新鮮さに子どもたちはすっかり釘付け。そう。これだって、立派な音楽なのです。

## ◆選択肢が増えるという重要性

どうして子どもにとって、出会いが大切なのでしょうか。その理由は、〝出会い〟が積み重なることが、「選択肢」を増やすことにつながるからです。

多様なものに出会わせてほしいから、子ども向けばかりをセレクトするのはもったいない。しかし、それは案外、意識しないとできません。大人向けに用意されているものでさえも、よい出会いになるということをぜひ知っておいてください。

もちろん、例にあげた音楽に限りません。絵画、味、人なども同様に、多様な出会いを届けられます。「人？」と思うかもしれませんが、それこそ、子どもと普段から接しているような保育士や、祖父母などではない、近所の八百屋さんや、警察官、お寺のお坊さんに出会わせてみる、なんていうのもいいでしょう。

わが子がどんなものに反応し、興味を示すかは、出会ってみなければわからないのです。ママである自分自身が好きなものを、同じようにわが子が好きとも限らない。その子自身がもともと持っている才能や好みは、親と同じではないからこそ、「多様」に触れさせて、反応を観察してみてほしいのです。

観察の結果、太鼓の音に興味を示した子であれば、たとえば機嫌の悪いときに太鼓の音を聞かせてあげてみてください。ひょっとすると機嫌が元通りになるのが、早くなるかもしれません。

こういうことが、**子どもに対する接し方のバリエーションにもつながり、子育てにおいて、ママの楽につながっていくのです。**

「理由はないけど、なんだか好き」というものは、その後の学び、趣味、仕事に直接つながっていくことが多いですし、〝好き〟に触れていると、幸せな気持ちになりますよね。

これから、長い長いその子の人生の中で〝好き〟を集めていくために、親にできることは、幼い頃から多様な出会いを運んであげることなのかもしれません。

「おやこ保育園」でのひとコマ。住職さんが鳴らす音に、子どもたちはみんな夢中でした。

## 3 元気に楽しく、ばかりが遊びではない

### ◆子どもの頃からひと休みするクセをつける

私たちが常にしている呼吸は、「吸って、吐いて」の繰り返し。どちらが欠けても呼吸になりません。「スゥー」と吸うばかりで、「ハァー」と吐き出すことをしなければ、苦しくなってしまいますよね。

遊びは、呼吸でいうところの「吸う」行為。どんな遊びにも、子どもは小さな身体と心をいっぱいに使います。ですから、遊んだ後にはひと休みする、というクセをつけてあげてほしいのです。

大人も同じです。どんなに好きな仕事でも、休息を取らないでやり続けてしまうクセがつくと、慢性疲労や病気につながっていってしまいますね。子どもの頃から、休むクセをつけておくことは、その後大人になったときに、心身の健康を保ちつづける意味でもとても大切です。

たっぷり遊んだあとには、親子で一緒にお茶を飲んだり、寝っ転がったりして、ゆっくりした時間をつくりましょう。

## ◆遊びには「静」と「動」の2種類ある

遊びと聞くと、大人は「キャー」と子どもが興奮するようなものばかりを思い浮かべます。

大人たちは、なぜかこういった、思い切り「キャー」と言って遊ぶ遊びを好むようです。しかし思い出してみてください。子どもが突然静かになって、何をしているのだろう？ と見に行ったら、大量のティッシュペーパーを箱から引き出して夢中になって遊んでいた……なんてこと、ありませんでしたか？

このように、遊びには2種類が存在します。

ひとつは「動の遊び」。鬼ごっこや、キャッチボールなど、身体を大きく使ったダイナミックな動きをするものを指します。

全体的に、子どもが元気いっぱいに激しく動き、大きな声を出したり、笑ったりするようなもの。動の遊びは、気持ちを発散したり、その年齢の発達に必要な身体的な力を養う効果があります。

もうひとつは「静の遊び」。みるみる自分の世界に入り込み、夢中になって取り組む遊びを指します。集中力を高めたり、想像力を広げたり、達成感を味わえる、などの効果があります。

どちらもそれぞれ大切な要素を持っているのですが、特に日本では、興奮させる遊びによって子どもがはしゃいでいるのが、「元気に楽しく遊んでいる証拠」のような風潮があるようです。

それに加えて、集中できる遊びのための環境を用意することにまで手が回らない園も多いのが、日本の幼児教育における課題のひとつでもあると言えるでしょう。

## ◆子どもを観察すると、「遊び」がわかる

集中できる遊びのために、どう環境を用意するのか？　そう言うと、「どこにそういうおもちゃが売っていますか？」と聞かれます。それに対して私たちはいつもこう答えます。

「まずやることは、お店に行くより、今の子どもの姿をよく見てあげましょう」

子どもは今現在、どんな行動をしたがっているのか。

そこに、今必要な遊びについての大きなヒントが隠されています。「最近、気づくとなんでもかんでも並べてるんです」という子だったら、たくさんの洗濯バサミや、たくさんの石を、一緒に集めてくればいい。すると、喜んで並べます。それが保育業界でいう〝環境設定〟です。

子どもにとっては、「今したい」ことが、できるということが大切なのです。

物を壊したい時期もあれば、集めたい時期もある。

どんなに高いおもちゃを買い与えるより、大好きなママが自分のしたい行動をわかってくれて、応援してくれることの方が、よっぽど喜ぶということをぜひ知っておいてください。

「うちの子、今どんな動きをしていたかな？　投げる？　登る？　積む？　はがす？」と、遊んでいる最中の子どもを観察してみてください。専門書を開かなくとも、答えは目の前にいる子どもの中にあるのです。

では、ここで問題です。

「はがすことが好きな1歳児に、あなたなら何を用意しますか？　はがすと聞いて思い浮かぶものをあげてみてください」

これは講座でよく出している問いなのですが、いくつくらい思い浮かびましたか？「シール」「ペットボトルのラベル」「マジックテープ」「マスキングテープ」「野菜の皮」など、いろんな答えが出てきます。

これらはすべて正解。

何が答えかではなく、大人自身が既成の概念にとらわれず、考えてみることこそが大切なのです！

## ◆「静」と「動」の遊びを考えてみよう

では、実際に私たちが考える静と動の遊びについて、次のページで具体的な例をあげていきたいと思いますが、ここではあえて動詞を選んでいます。たとえば「シールをはがしましょう」というように、物がメインになると、やっぱり「まずシールを用意しよう」という考えになりますよね。

動詞の紹介をすると、講座でも皆さんよく考えてくれます。「はがすなら小包の包装もあった！」「ヨーグルトの蓋もいいのかも」などと盛り上がります。

子どもたちを観察していると、「指先が動くようになってきたから、小さなものをつまみたい」などというサインが出てきます。子どもの〝○○したい〟という欲求が出てきたときに、それに合うものを探し、渡してあげること。

子どもの欲求に合うものであれば、遊びへの集中力が全然ちがうんです。

ここに載せた例以外にも、子どもを観察して、思いついたことをやってみてくださいね。

【静の遊びの例】

はがす／書く／積む／つまむ／押す／並べる／集める／混ぜる／貼る／引っ張る／取る／落とす／聞く／覗く／重ねる

「今日は［はがす］で遊んでみよう」という日なら、たとえば冷蔵庫にある野菜の皮をむいてみる。それを子どもたちに目の前で見せると「わあ」と目が輝いて、「僕も！」「私も！」と、自分自身でやりたがります。

「引っ張るって、動の遊びじゃないの？」と思われるかもしれませんが、綱引きなどの大きなものでなくても、実はゴムや、洋服のほつれた糸を引っ張ってみたり……と、子どもは静かに黙々と楽しんでいるのです。

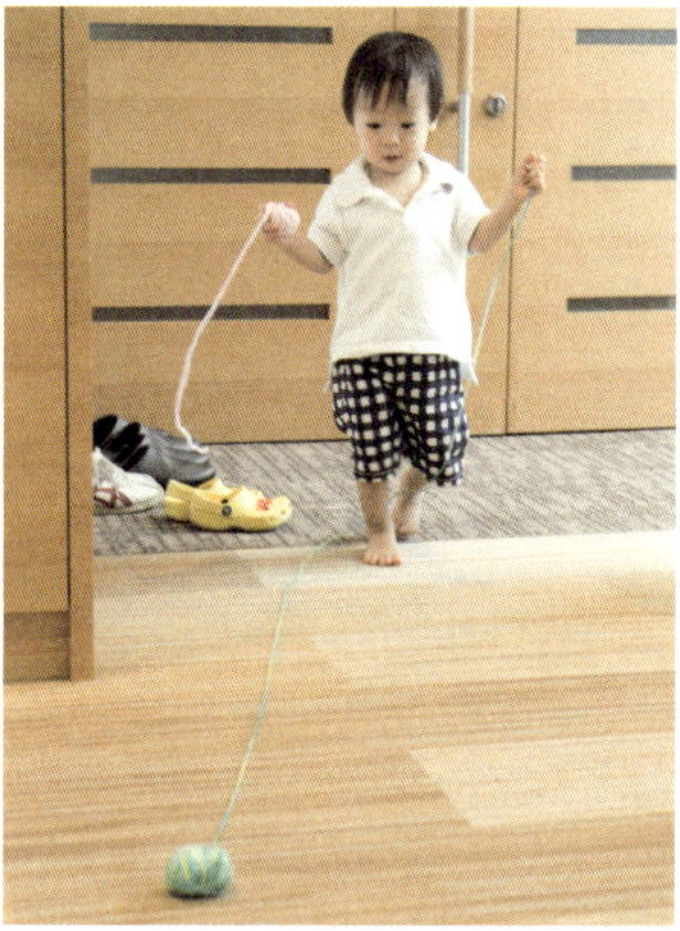

[引っ張る]　毛糸の玉は引っ張るとどんどん小さくなるのが魅力的。(1歳)

[はがす]　とうもろこしは皮もひげもあって、はがすのが楽しいアイテム。(3歳)

[重ねる]　紙コップや、カラフルなプラスチックのコップ、大好きです。(1歳)

[つまむ]　洗濯バサミを置いておくと、どんどん作品ができていきます。(5歳)

【動の遊びの例】

登る／走る／跳ぶ／転がる／叫ぶ／叩く／蹴る／スキップする／回る／泳ぐ／追う／投げる／踊る

たとえば外遊びのような、鬼ごっこやかけっこ、高いところからのジャンプ、くすぐりあいっこなども、動の遊びのひとつです。

さて、ここで大切なのは、静と動どちらの遊びにしても、その子の「やりたい」という気持ちは、止められないということ。

おもちゃがまずあって、「やりたい」が起こるのではなく、子どもの「やりたい」があって、はじめて何を渡すかです。この順番が、ポイントです。

ただし、そもそも運動が得意、絵を描くのが好き、というように、子どもにはそれぞれ好みや得意・不得意の個性があるのを、くれぐれも忘れないでくださいね。

# 4　おもちゃ売り場だけでおもちゃを選ばない

## ◆おままごとセットの落とし穴

よく知る、とある保育園での話です。この園には、既製品のおままごとセットがありませんでした。子どもたちは、積み木やフェルトを丸めて縫ったものなど、いろんなものを食べ物に見立てておままごとをしていたのです。しかしある年、それぞれのクラスに最新のおままごとセットが導入されました。ガスコンロ、水道、調理器具、お皿、野菜、オムライスまでもが揃ったとても立派なものでした。

その後、その園の子どもたちに、ある変化が起こったのです。

室内でのおままごとの時間が明らかに減り、おままごとに集中する時間も圧倒的に短くなったのです。さて、何が起こったのでしょう?

おもちゃのリンゴは、もうリンゴでしかありません。同じくおもちゃの包丁でカットすると、マジックテープの付いたリンゴが2つに割れて、まるで本当に切ったように見える楽しい仕組みもあります。でも、やっぱりリンゴ。以前だったら、お皿に見立てたものに積み木が載っていて、「今日はシャケおにぎりだよ」「ケーキをどうぞ」などと、同じものから、子どもたちがそれぞれ、どんなものにでも変身させていました。積み木でない他のものを載せてもいいいし、何を使ってもよし！　というように、とても柔軟だったのです。

ですが、リンゴやナスなど「それでしかない」というものになった瞬間に、想像力に限界が出てきて、おままごとの内容が狭くなりました。それはそうです。明らかにリンゴの形のものを、お魚だと想像するのは、かえって難しいでしょう。想像力を使う必要がなくなり、集中する時間が短くなったということです。

一方で、園庭でのおままごとは、以前と同じように集中力が続いていました。外にはおままごとセットがないので、泥だんごや砂利などをご飯に、葉っぱをお皿に見立てるなど、子どもたちが想像できる余地があったからでしょう。

おままごとセットを買ってはいけないということではありません。わざわざ立派なセットを用意しなくても、身近にある、ちょっとした何かを見つけて、子どもたちは楽しく遊ぶことができることを知っておいてほしいのです。

## ◆飽きるおもちゃ、飽きないおもちゃ

せっかく買ったおもちゃに、子どもがすぐに飽きてしまったという経験は、誰しもあると思います。

では、子どもが飽きやすいおもちゃとは、どのようなものでしたか？　ボタンを押すと、光って音が鳴って終わる……など、遊び方がすでに決められているものではなかったでしょうか。

既製のおもちゃはたくさんの工夫が凝らしてあって、大人が遊んだって楽しいくらい。でも、作り手がゴールを決めていて、「この遊びはこうやりますよ」というおもちゃは、子どもが受け身になるおもちゃである可能性が高いのです。そういったものだと、子どもは遊び方をひととおり試したら満足して、飽きてしまいます。

アインシュタインは幼い頃、ひとり積み木で黙々と遊び続けていたそうです。積み木のように、自分の頭や心でいくらでも展開していけるものだと、考える力、好奇心、探求心など、様々な力を育て続けることができると言われています。

おもちゃは、遊ぶ側が、意欲的に関わっていけるものであることが大切です。**想像力を使う余白があり、「何ものにでもなれるもの」**。それが、子どもが飽きずに楽しめるおもちゃとなるものの、何よりのポイントです。

## ◆知っていますか？　自然物が持つ力

子どもたちは、石ころや、葉っぱ、松ぼっくり、小枝などの自然物で長い時間遊んでいます。

先日、みんなで海岸へ行ったときも、子どもたちは飽きもせず、何十分も貝殻を拾い集めていました。どうしてそんなに自然物に惹かれて、飽きることがないのでしょうか。石ころも、松ぼっくりも、実はどれもひとつずつ形が違います。でも、これが工場で作られた既製品となると、すべてが同じようなものになりますよね。

画一的でなく、一個として同じものがないからこそ、飽きずにいられるのです。

飽きないおもちゃを見つけたいときは、子どもと自然物に触れ合いに行くのもおすすめです。

## ◆おもちゃの引き算をしてみよう

「『子どもが飽きないおもちゃ』をもっと具体的に知りたい」と言われることもあります。でも、どんな子も飛びつき、永遠に飽きないなんていう、魔法のおもちゃはおそらくありません。

その子に合ったおもちゃが何かは、求める遊びと同様、その子が探求する様子を観察することでつかめます。

ブロックでも、野菜でも、なんだっていい。とにかく、子どもたちの探求を見てください。「おもちゃです」みたいな顔を全くしていないタワシや毛糸などの日用品でも、本当に夢中になって遊ぶのです。

素敵だなと思った話があります。ある保育園にブロックが置いてありました。0歳、1歳児クラスでは、象の形のブロック、人形、ケーキなどの形になっているブロックや、丸かったり三角だったりするブロックも置いてあります。ところが、2歳児クラスになると、それらを全部なくして、四角いブロックだけにするのです。つまり、おもちゃの引き算をしているということです。

2歳は立派に想像する力があるからということでしょう。案の定、その四角いブロックだけを使って、子どもたちは夢中になって遊んでいるそうです。

想像力を失わせるものをどれだけ減らすかは、大人が意識を持てばできることだという、よい事例です。大人も想像力を働かせることで、子どもの遊びの可能性もどんどん広がっていきます。

おもちゃ売り場だけにおもちゃがあるのではありません。わざわざ買いにいかなくても、子どもが楽しむものはなんでも、スペシャルなおもちゃです。

上着を頭にひっかけるのがお気に入り。（3歳）

空のペットボトルが気になる。（2歳）

寝ながら、いろんなものをのぞき見るのが大好き。いつも魚を探しているのだそう。（1歳）

溜め池の水がゆらゆらするのをじっと見る。（3歳）

コースターとお皿をどんどん並べます。（2歳）

年を重ねるたびに「並べる」が進化していきます。右から２歳、３歳、そして５歳の今。ここから物を集めることに喜びを感じていくのでしょう。（5歳）

気づけばティッシュ１枚がこんなに細かく！　（3歳）

ひたすらマス目に○を書いていく。（3歳）

ホースでの水遊びに夢中。（5歳、３歳）

駅の地図で迷路をやっているんだって。（2歳）

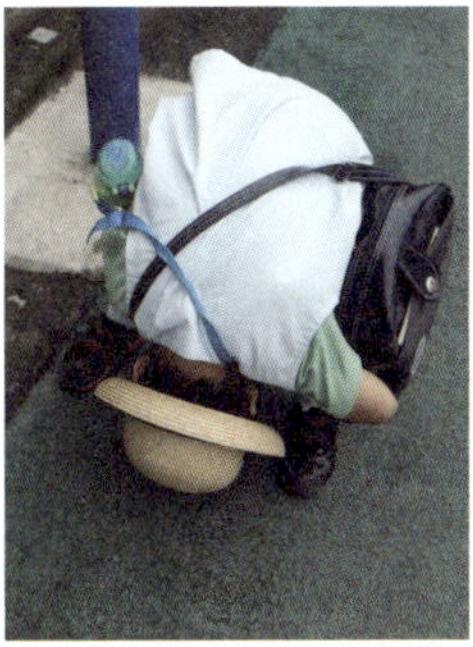

足の間から世界をのぞくのが好き。（3歳）

何度も線を引いて、色をぬって、定規を駆使。（4歳）

# 5 見本はつくらない

## ◆見本が邪魔になる!?

保育園や幼稚園ではよく、「遊び」の一環で「絵を描く時間」があります。強く思っていたのは、「見本はいらない」ということです。

子どもに「ゾウさん描いて」と言われても、「ゾウさんて、どんな風だったっけ？ 自分が思うようにまず描いてみようか」と言ったり、ゾウを見比べるために、絵本を並べてみたり、パソコンを持ってきて画像を見せたりしていました。なぜなら、子どもは、大好きな大人が教えてくれたことを、正しいものだと認識するからです。それは、絵だけではなく、言葉でも、しぐさでも同じこと。

また、見本があることが普通になると、常に要求されるママも大変です。子どもが直接自分で表現できた方が、お互いにとってプラスだと思いませんか。見本をつくることで、実は自分も大変になる上に、子どもの積極性や創造性も失われていってしまうのです。だって、ひとりの大人が描いた絵が、そのままその子どものゾウのすべての基準になってしまうかもしれないんですよ。では、大人にできることは何でしょう。私たちは見本を用意するのではなく、子ども自身に考えさせることが大事だと思っています。

たとえば、子どもと一緒に「ゾウってどんな色だと思う？」と、考えてみる。一枚の紙に、「今日はこれにゾウっぽい色を塗っていこう」とか、「そうか、○○君は青なんだね」「○○ちゃんのゾウは黄色なんだ」なんて話を展開するのもよいでしょう。

小さな子どもたちは、いきなり赤でぐちゃぐちゃっと線を書いて「ゾウだよ」と誇らしげに見せてきます。子どもは、こんなに自由な感性を持っているのです。むしろ大人のほうが見習いたいくらいだと思いませんか？

## ◆葛藤すら子ども自身のもの

5歳の子に「カブト折って」と折り紙と作り方の本を渡されて、親が折ってしまっていいのか悩んでいるという相談がありました。そのママ自身は自由に作ればいいと思っているけれど、本人は既に見本を見たと言います。「こういうカブトが作りたい」けれど、自分では同じように作れないからイライラしていたそうです。見本があったからそんなことになってしまったのだろうかと困っていました。

私たちは「見本はいらない」と考えてはいますが、それは、大人がその都度見本を与える必要はないということ。子どもは社会や周囲から刺激を受けます。ときには何かに憧れて、それが見本のようになることもあるでしょう。

「これ折って」と言われたら、「自分で折れるところまで折ってみようか」と答えてみてはどうでしょう。「見本のようにしたいけれどできない」という葛藤はとても大事です。

ポイントは、その葛藤に対して、どのように向き合うのか。大人だって、「こうしたいのに、うまくいかなくて落ち込む」ことがありますよね。できないことをできるようになりたいのか、それとも諦めて、他の自分の得意なことを探すのか。

子どものこととなるとどうしても大人は、希望を叶えてあげたくなってしまう。先回りして、子どもの失敗のプロセスを飛ばしてしまいます。けれどどうか、**子どもに葛藤を経験させてあげてください**。人が育つ上で、そういう葛藤こそが大事なのです。

なぜなら、この先色々なステージで、「一体どうしたらいいんだろう？」という答えのない問いにたくさん出会うはず。そんなときこそ、たくさん考え、たくさん試して、自分なりに道を切り開いていく〝心の強さ〟が問われるのです。

「心の訓練だ！」と、親の方はドーンと構えて、子どもを応援してあげてくださいね。

## ◆模倣にひそむワナ

見本はいらないと言うと、模倣はダメなのですか？　という疑問を持たれます。確かに「学ぶは、まねぶ」と言われるくらい、模倣は物事を吸収する上で大事なことです。私たちは、あらゆるシーンで模倣はダメだとお伝えしたいわけではありませんが、自分の表現が模倣に食われてしまうのはもったいない、と思っています。

たとえ模倣から入ったとしても、その先に「じゃあ自分だったら、もっとこうしよう」と自分なりの表現に展開できればいいだけなのです。

子どもは素直で、吸収が早い。これは、裏を返せば危険なことでもあります。教室に貼り出されている絵が「みんな一緒」になってしまったり、頭の上からつま先まで雑誌と同じ服を着ていたり。そんな場面に出くわすと、もっと自分らしくすればいいのに、と思いませんか？

芸術家の岡本太郎さんは、芸術とは何かについて、次のように言っています。「よろこびが芸術であり、表現されたものが芸術作品なのです」（『今日の芸術―時代を創造するものは誰か』光文社／刊　知恵の森文庫』）

「表現されたものが芸術」。だからこそ、模倣よりも、まず自分らしい表現を大事にしてほしいのです。大人は、つい先に見本を用意してしまいがちですが、まずは子どもの表現を見守り、伸ばしてあげることを意識してみてくださいね。

# 6　子どもの遊びを止めない

### ◆子どもの遊びをすり替えないで

「子どもの遊びを止めない」には、実は2つの意味があります。

ひとつは、子どもの遊びを「くだらない」と思って止めないで！　ということ。子どもに対してよくやりがちなのが、子どもの遊びを止め、大人が遊びをすり替えてしまう行為です。

意外にも、子どもに慣れた人に多いのですが、外出時に、子どもがお店に置いてあったおしぼりをいじって、せっかく自分なりにおもしろさを味わっているのに、「ほら、こっちにおもちゃがあるわよ！」と、既製品のおもちゃを出して、「はい、どうぞ！」とおしぼりを取り上げてしまう。あるいは子どもがおしぼりに集中しているのに、注意をひくために、話しかけてしまう。

自分が一生懸命何かをしているときに、他人が突然入ってきて、ちがうことをすすめてきたら……？　誰だって不快になりますよね。遊びのすり替えはそれと同じ。子どもは特に、**一見何をしているのか理解しがたい動きも多く、大人は、それが実は大切な行為の最中だと気づかない**。

夢中になっている「遊び」は、大きな「学び」。どうか、「遊びとはこうしたもの」という思い込みを取っ払ってみてください。大人の都合や感覚で、遊びをすり替えるのは、子どもにとっては本当に悲しいことなのです。

ただし、遊びに使ってほしくないもので遊びだしてしまったときは、話は別。

本当は、それを子どもの手の届かないところに置いておければ一番よいのですが、うっかり……ということって、ありますよね。危ないもの・大事なもの・汚いもの……（だって、ウンチで遊ばれたらいやですよね！）。

いくら子どもが関心を持っていても理由があってやめてほしいのなら、もちろんやめさせて構いません。ただ、「どうせまだ、理解できないし」と思わずに、必ず理由を伝えてあげてくださいね。

遊んでいたものを「ダメ！」と突然取り上げてしまうのは、子どもにしてみれば、いきなり宝物を奪われるようなもの。もちろん、危険なときは別ですが、「人としてやられていやなことは子どもにもやらないようにしたいものです。子どもだってひみましょう。

とりの人間です。わからなくなったときは、常に、自分だったらどう感じるか考えて

## ◆子どもは急に止まれない

「子どもの遊びを止めない」のもうひとつの意味は、「はい終わりーっ!!」と、子どもに急に遊びをやめさせないで、ということ。時間の感覚が大人とちがう子どもたちは、「やめられない」のです。

「もう遊ぶの終わり！　寝るよ!!」と、電気を消してみても、子どもは気持ちがなかなか切り替えられず、泣き続けたりしますよね。こんなシチュエーションで大変な思いをしたママは多いと思います。

「遊びの止め際って難しい。いつまでも遊びを続けていられては生活ができないけど、いい方法がわかりません」そんな悩みをよく聞きます。

では、こういった場合には、どうすればいいのでしょうか。

まず、遊びをやめさせたいときには、「今からブロック？　すぐご飯の時間だよ。ご飯ができたらやめられるかな？」と、前もってやりとりをしておきましょう。「うん、いいよ」となれば、時間になったとき「さっき決めたよね」と言うと、小さい子

どもでも比較的納得してくれます。

また、特に3～5歳に向けては、遊びの始まり方と終わらせ方をちょっとイメージしてみてください。たとえば、うちの子はこの遊びは比較的サッとやめるけど、これをやり出すと長い、というのがあると思います。

「あの人は居酒屋で飲みだすと長い」とか、「メールは短いが電話は長い」のように、大人だっておんなじですよね。

子どもが「ブロックを始めたら時間がかかる」というのであれば、「ご飯が○時だから、今からブロックをやっても○時には終わらないといけないよ」と伝えてみる。その上で、「今はブロックじゃなくて、こっちで遊んだら？」「ブロックは、ご飯を食べ終わってからゆっくりやろうよ」などと提案してみましょう。こういった見通しを立てることができるのは、大人だからなのです。いつでも子どもに自由に選ばせてしまうのではなく、シチュエーションに合わせて、声をかけていきましょう。

### ◆達成感を壊さない

4歳の子どものママの話です。子どもが一向におもちゃを片付けてくれず、「このまま、ずっと片付けられない子に育っていってしまうのでは」と心配していました。

でも、考えてみてください。〝片付ける〟ということは、子どもからしてみれば、つくった世界をリセットすることなのです。

子どもが一番悲しいのは、自分の意思じゃないのに、大人の都合だけで、自分の大事なものを片付けられてしまうこと。大事にしていたものを、勝手に誰かに捨てられてしまったという経験がある方は、気持ちがわかるのではないでしょうか。それと同じです。

ブロックでつくる基地がまだ完成していなくて、この後、また続きをつくりたいというときもあります。それなのに、無理やり片付けさせてしまうと、どういうことが起きるでしょう。子どもにしてみれば、「やりきった」という達成感を得られないまま、いやいやリセットをすることになるのです。そんなことが度重なると、達成感を経験せずに育っていくので、途中で投げ出すということが染み付いてしまいます。それでは、大人になったときに困ってしまいますね。

そのママにちょっぴりアドバイスをしたところ、片付けをその都度しなくてもいいスペースをつくってみたそうです。「ここのスペースなら、出しっぱなしにしてもいいよ」と、時間的にはやめさせても、また続きから遊ぶことができるということですね。すると、子どもはやりかけのおもちゃをきちんとそのスペースに置くようになりました。これまでは、子どもが片付けないことにイライラしていたママ自身の気持ちも晴れて、穏やかに過ごせるようになったそうです。

ちなみに、0・1・2歳の子どもは、また少しちがいます。時間の感覚や、記憶力が、まだまだ備わっていないので、遊びをリセットされても気にしない、ということが比較的多いのです。

この達成感について、親はいつから意識して対応すればいいのか。それは、子ども本人がリセットされることを気にし始めたら考えてみてください。やりきらせてあげること、つまり本人の納得感が大事で、本人が「もういいや」となればいいでしょう。

園に勤めていた頃よく使っていたのは、できあがったものを写真に撮るという方法です。「写真も撮れたから片付けようか」というと、満足そうに片付けを始めることができました。

そうやって、子どもの遊びを止めないようにするために、色々なやり方を試してみてください。「どうしてあげたらいいのかな」と思いを巡らせる時間こそが大切なのです。

# 3章

# 関係性がもっとよくなる！
# コミュニケーション
# 4つの「しない」コツ

「子どもと仲良くなるコツって、何ですか?」

子どもと関わったことのない方に、こんな質問をされることがあります。

そんなとき、私たちは「子ども目線になって、色々なやり方でコミュニケーションをとってみてください」と答えます。

子どもたちは、「ジェスチャー」「絵」「歌」「アイコンタクト」「ボディタッチ」……多様なやり方で、全身で自分の意思を伝えてきます。

彼らは大人に比べて、たくさんの表現方法が使えるのです。

大人が「子ども目線」になって、色々な種類のコミュニケーションを使えるようにさえなれば、子どもとの関係性がもっと楽になるし、信頼関係も深まります。

この章では、大人と子どもをつなぐ架け橋となる具体的な考え方や方法を紹介していきます。

3章 関係性がもっとよくなる！ コミュニケーション4つの「しない」コツ

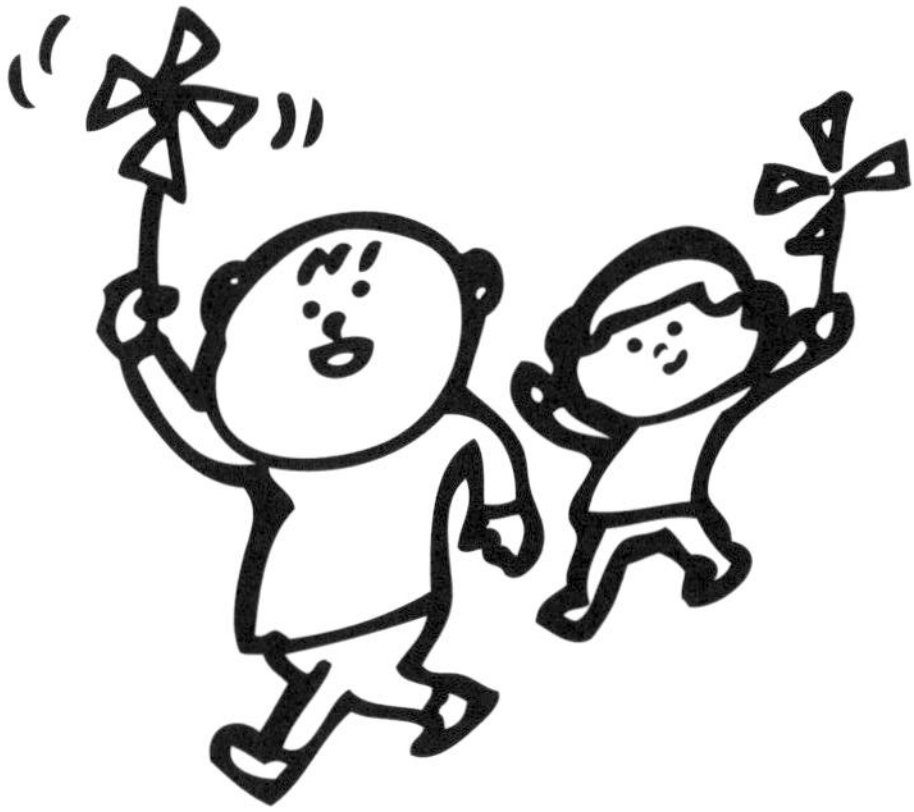

## 1　言葉だけに頼らない

### ◆言葉のない世界を想像してみる

「言葉を使わずに自己紹介をしてください」と言われたら、あなたは、どうしますか？　はじめて会った人と、言葉を使わずに、どうやって仲良くなればよいのでしょう。きっと困惑して、止まってしまう人がほとんどではないでしょうか？

実はこれ、実際に私たちが保育士や一般企業向けの研修でよく行うもののひとつです。

興味深いことに、皆さん最初は、言葉から離れられないのです。たとえば、声を出さずに口パクをしてみたり、名札など文字の書いてあるものを見せようとしたり。でも、時間が経つにつれ、ジェスチャーやスキンシップが始まり、最終的にはハグまでしていたりするんですよ。これは、たった3分程度の出来事です。しかし、一気に場の空気が温まってしまうのです。

この研修はとても好評で、気づきが多かったとの声が多く寄せられます。「言葉って、なんて便利なんだろう」と、言葉の可能性に気づく人もいれば、「言葉を使わないほうが、相手の目や表情を、よく見ようとしました」と言葉の落とし穴に気がつく人も。共通して言えることは、「言葉にいかに頼っていたか」という発見です。

ただ、この講座の落としどころは、言葉の大切さに気づいてもらうことだけではありません。体験してほしかったのは、0・1・2歳児のように、言葉を流暢に使えない状態、つまり、「子どもたちの生きている世界」です。

## ◆コミュニケーションは多様だから面白い

生まれたばかりの赤ちゃんを思い出してみてください。散々泣いていたのに、お母さんが抱いたらピタッと泣きやむこと、ありますよね。それこそ、何も声をかけなくたって、泣きやむ。視力も未熟で、まだ言葉も理解しきっていない中で、匂いや抱き方だけで判断している。子どもは言葉以外のところで感じているのです。これは、子どもだけが持っている能力ではありません。私たち大人も持っています。でも「言葉」に頼りすぎてしまったことで、感じ取ることを忘れてしまっているのではないでしょうか。

言葉は確かに便利です。でも、子どもと接する機会が多い大人たちには、「言葉以外」を感じ取る能力もスキルとして持っていてほしいのです。それは、子どもが多様な表現を持っていて、日々それを使っているから。最初は難しく感じるかもしれません。でも大丈夫。やり方は子どもが教えてくれます。

「多様な表現を知る」ということは、人と人との関係性がよくなる第一歩でもあります。子ども相手だけに限りません。相手が言葉を使うことが苦手な場合は、「このやり方で駄目ならあのやり方はどうだろう」と、試してみてほしいのです。話すことが苦手な相手なら、手紙はどうだろう？　メールの方がいいかな？　贈り物という手もあるぞ、というように……。

相手が受け取れる方法をイメージしてみることが大切です。そうすれば、きっとこれまでより、少しずつでも距離が縮まっていくことでしょう。

「そもそも、コミュニケーションという概念を、狭く持っていないか」

そこに気づけると、子どものやりとりがスムーズになったり、子どもが何を考えているのか前よりわかるようになっていくはずです。

人間は、無意識に自分が普段使っている言葉や行動を相手に求めてしまいがちです。だからこそ、まずは自分自身が普段無意識に使っているコミュニケーションのスタイルを自覚すること。次に、相手は普段、どんなコミュニケーションを使っている人なのかを知ろうとすること。この、2つのポイントを、押さえてほしいと思います。

遊びもコミュニケーションも根本は同じ。目の前の子どもをよく観察して、何を求めているかに敏感になる。それが、よいコミュニケーション、よい関係性へとつながっていくのです。

## ◆大人こそが、忘れていた表現を取り戻そう

心に傷を抱える人などに対して芸術創作を治療的に用いる、アートセラピーというものがあります。たとえば、戦地の子に絵を描かせると、暗い色彩の絵が多いなどという話を聞いたことがありませんか。言葉にならない気持ちを絵が代弁するのです。

子どもも同じで、自分の気持ちをまだ上手に言葉で言えないので、言葉以外の表現を多く用います。だからこそ、子どもの表現を大事にしたいし、大人にも大事にしてほしい。

では、「表現」って何でしょう？

「表現」の方法は色々あります。歌、楽器、ダンス、工作、ファッションなど、それらもすべて表現のひとつです。

でも、ダンス・歌・楽器などは日本という国ではあまり日常に溶け込んではいませんね。大人がいきなり道端で踊りだすなんてことはなかなかありません。悲しみをギターで表すなんていうことも日常ではほとんどありません。面白いことに、大人がやらないことは、子どもも求めてこないのです。「絵かいて〜」とは言ってきても、「踊って〜」とは、言ってこないですよね。

子どもが表現の世界を広げるためにも、まずは大人が色々なやり方で表現を楽しむことからはじめてみてください。

私たちが園に勤めていた頃、「今の気持ちはどんな風か、ポーズしてみよう！」なんていうことも、やってみていました。

「上手・下手じゃなくて、やりたいと思うことを、まずやってみることにします」
「人の目を気にしてばかりじゃなくって、『私は』という主語で表現してみます」
「子どもがした表現は、どんなにささやかでも、ちゃんと認めてあげたいと思いました」

これらは、「おやこ保育園」の講座で〝表現〟について考えてもらったとき、最後にママたちが言った言葉です。

ひとりひとりが、せっかくちがう感性を持って生まれてきているのです。子どもも、もちろん大人も。その個性を大切にするためにも、楽しみながら自分らしい表現をする人が増えていくといいなあと、思っています。

## ◆コミュニケーションの種類

「コミュニケーションってどんな種類があると思う？」と聞いたときに、ママたちがあげてくれたものを参考にご紹介してみます。

## コミュニケーションの種類

- 手をつなぐ
- 抱きしめる
- くすぐる
- 膝に乗せる
- ナイショ話
- 寝るときのトントン
- 髪を結う
- 髪を乾かす
- 身体を洗う
- 息をかける
- キスをする
- 着替えを手伝う
- 見つめ合う
- 笑いかける
- 手紙をわたす
- プレゼントをする
- 挨拶をする
- 名前を呼ぶ
- 歌を歌ってあげる
- 一緒に踊る
- 歯磨きをする

さて。日頃あなたがよくすることはどれですか？

逆に、あまりしないことはどれですか？

この表を参考にして、コミュニケーションのバリエーションをぜひ広げてみてください。そして、コミュニケーションの方法は、まだまだあるはず。日常の中で見つけてみてくださいね。

## 2　否定語を使わない

### ◆無意識の口グセに要注意！

子どもによく「だから言ったでしょ！」ばかり言ってしまう、と悩んでいるママがいました。この口グセに気づいたのは、上のお兄ちゃんが妹にそう言って聞かせるシーンを見たからだったとか。

口グセは、自分自身が一番わかっていないもの。でも、その言葉をいつも聞いている子どもに与える影響を考えると……。改めて、自分の口グセに向き合ってみようと思うのではないでしょうか。

身近な人に聞いてみるのもいいですが、携帯電話などを使って録音してみるのもおすすめです。「何度も『わかった？』と言っていた」とか、「自分ばかり話していた」など、きっと気づけることがあるでしょう。

## ◆子どもは外国人だと思ってみる

口グセに加えて、子どもに対してママが言いがちなのが、「今日どうだった？」という大ざっぱな質問です。園での生活の様子を知りたくて、ついこんな聞き方をしてしまうこと、ありますよね。でも、相手は子どもだということを忘れないでください。大人だって、習ったばかりの外国語で「今日どうだった？」と聞かれても答えにくいと思いませんか？

たとえば、「今日のご飯は美味しかった？」とイエス・ノーで答えられる質問だとどうでしょうか？　イエスと答えた後に、「この料理が美味しかった」と、具体名を出して話を膨らますことができると思います。質問をしたいときは、相手が答えられるような聞き方を、ぜひ心がけてみてください。

## ◆「ダメ！」と言わなくても伝わる方法

子どもにも、ちゃんと届くように伝えるには、幾つかのルールがあります。まずは、否定語を使わないこと。否定語を使うと、子どもの自尊心が傷ついてしまいます。

それに、否定語を使わない方が、実は子どもがすんなり理解できるのを知っていますか？

たとえば、子どもが走り出したとき、「走らないで！」と注意してしまうと思います。でも、子どもは「走らないで」と言われただけでは、その代わりにどうすればいいか思いつきません。大人のように、「止まる」か「歩く」という選択肢が即座に出てこないのです。

だからこそ、「走らないで」ではなく、「歩こうね」と、子どもにしてほしいことを具体的に伝えてあげる。大人が「子ども目線」に合わせて言い換えるだけで、子どもに届きやすくなるのです。

こんなふうに、ちょっと意識を変えれば子どもに伝わりやすくなるポイントをまとめてみました。次のページの図をぜひ参考にしてみてくださいね。

子どもに伝わりやすくなる!

# 魔法の話し方

## ①否定しない

×「走らないの！」→○「歩こうね」
×「もう遊ぶのやめて」→○「お昼食べに行こう」

子どもはダメな行動のみを指摘されても即座に動けません。
してほしい行動を、大人が具体的な言葉で伝えてあげましょう。

## ②命令しない

×「〜しなさい！」→○「〜しようね」「〜してみる？」

命令口調のデメリットは、押し付けられた気持ちになってしまうこと。
子どもにもストレスを与え、大人も眉間にシワが寄り、疲れてしまいます。

## ③気持ちに共感

×「泣かないの！」→○「悲しかったんだね」

「今」の気持ちに一緒に寄り添うと、子どもに安心を与えることができます。弱っている時に、突き放すような言葉を言われると、子どもの心は傷ついてしまいます。

## ④大人の気持ちを伝える

×「いい子にしていなさい」→○「そのほうがママはうれしいな」
○「カッコイイと思うな」

大好きなママが「うれしい」と、子どももうれしい。大好きなママが「悲しい」と子どもも悲しい。「普通は……」「みんな……」と一般論を伝えるより、ママの気持ちを具体的に伝える方が子どもは納得するのです。

これに加えて、ついつい言ってしまいがちだけどおすすめしない言葉を紹介します。

1、**禁止**：「ダメ！」（「いけません！」）
2、**放置**：「もう知らない！」（「勝手にしなさい！」）
3、**拒否**：「嫌い！」（「無理！」）

これらの言葉を聞くと、子どもは大人が考えるより深く傷つきます。実際に私たちも、子どもと接するときに、これらの言葉は意識して使わないようにしています。

ついつい言ってしまうこともあるでしょう。そんなときは、「今の言葉、言いすぎちゃった」と素直に認めること。

「ママ、今怒ってるね。少し落ち着かないと」と、自分の状況をそのまま伝えるのがおすすめです。大人も間違えることはあるし、大人も思い通りにいかなくて、苦しいこともある。そんな姿も、子どもにとって大切な学びとなっていくのです。

# 3　子どもの話を止めない

## ◆「聞く」ではなく「聞ききる」

子どもが一生懸命話しているときは、途中で遮《さえぎ》らないようにしましょう。話を途中で勝手にまとめようとしたり、わかった気になって話の主導権を奪ってしまったり。これは、親しい人にこそ、大人がやりがちな行動です。

子どもに対してそんなことが続くと、子どもは自分が大事に扱われていないと感じてしまいます。親に認められていない、つまり、承認されていないと思ってしまうのです。１章で子どもは愛情を貯金できないと言いました。認めてもらえないという状態が続くと、子どもの自己肯定感が、どんどん下がってしまいます。

「話を最後まで聞ききる」。これを習慣にするだけで、信頼関係はグン！とよくなるということを知っておいてください。

## ◆「聞ききる」ためにできること

最後まで聞ききるのは、実はとても難しいこと。そこで、おすすめしているのが、話の主役が誰かをわかりやすくする方法です。私たちはよく貝殻を使っています。

おしゃべりをする時間には、その貝殻を真ん中に置いて、話したい人がその貝殻を取って話すことをルールにしています。ちなみに、話の主役が誰かをわかりやすくするためには、貝殻である必要はありません。子どものぬいぐるみや、拾ってきた松ぼっくりなどもいいでしょう。「誰が話の主役か」が、見える状態にしておくのです。

言葉が思い浮かばずに黙ってしまうときもあるかもしれません。でも、それでいいのです。沈黙も立派な会話のひとつであり、沈黙を受け入れることは、相手を「待つ」ということ。

大人は本当に「待つ」ことが苦手です。子どもを「待つ」と、子どもは焦らずに自分のペースで言葉を見つけていくことができます。大人が聞きたかった本音が出てきたり、したかった話し合いができるようになるでしょう。

「待つ」ことは「愛」そのもの。大切な人ほど、急がせない。待つことは、相手を受け入れようとしているよ、というメッセージなのです。

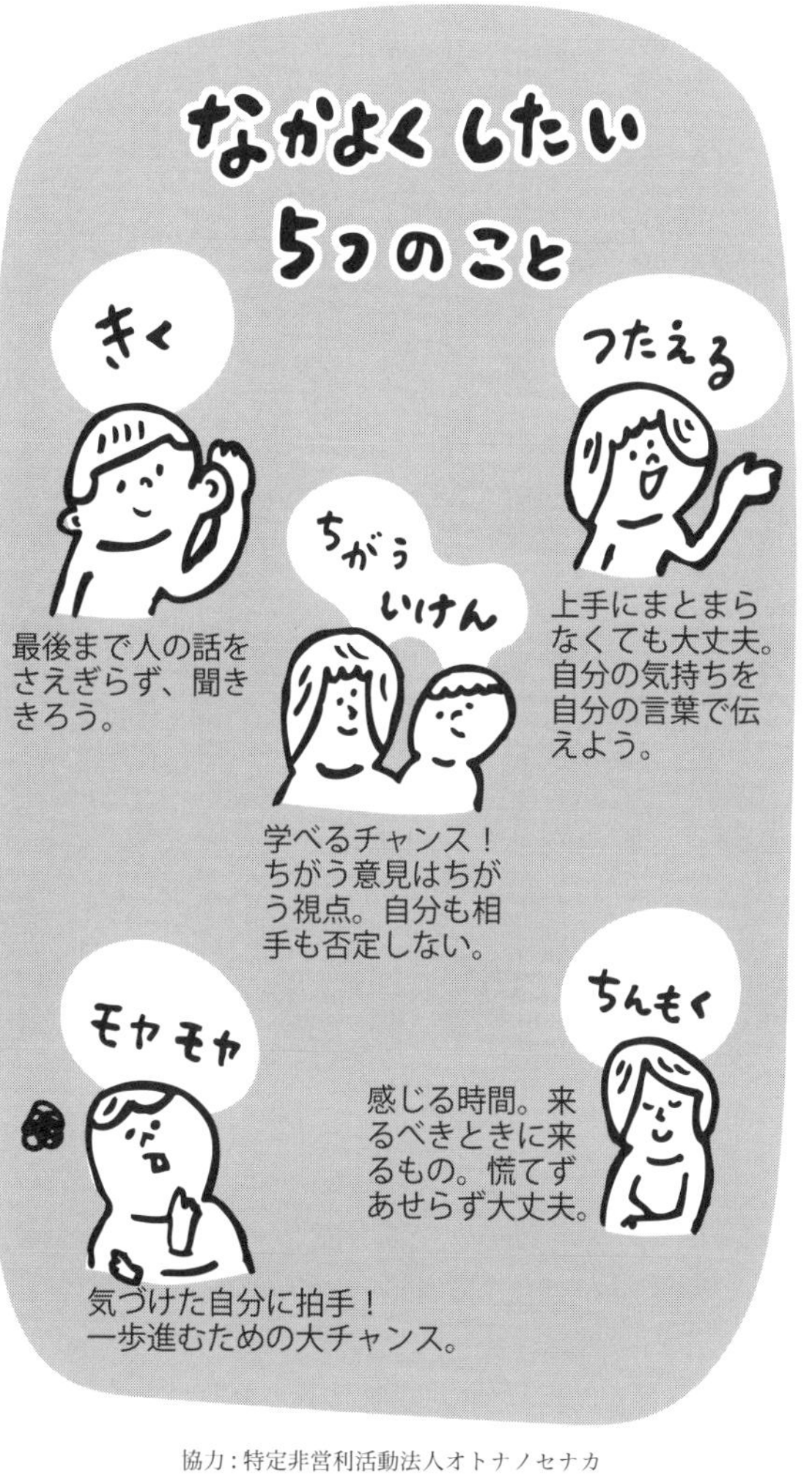
なかよくしたい
5つのこと
きく
最後まで人の話をさえぎらず、聞ききろう。
つたえる
上手にまとまらなくても大丈夫。自分の気持ちを自分の言葉で伝えよう。
ちがういけん
学べるチャンス！ちがう意見はちがう視点。自分も相手も否定しない。
ちんもく
感じる時間。来るべきときに来るもの。慌てずあせらず大丈夫。
モヤモヤ
気づけた自分に拍手！
一歩進むための大チャンス。

協力：特定非営利活動法人オトナノセナカ

## ◆言い訳にこそ真実がある

子どもがいたずらや失敗をしたとき、「なんでそういうことするの?」と聞く大人は多いでしょう。でも、大人が質問をしておきながら、子どもに、言い分を言う時間を与えなかったり、一方的に叱っていたりする光景は、よくあります。

たとえ子どもでも、行動の裏側には何か理由があるもの。

言い訳の中にこそ、真実が隠れています。

それに、言い分を聞くだけで、子どもは自分の思いを受け止めてくれたと思い、安心します。こういったシチュエーションでは、叱ることよりも、自分なりの理由や気持ちを子どもが自分で伝える練習の機会とすることが大切です。

それは、子どもが成長していく上で必要な経験となります。

## ◆暮らしに対話を取り入れる

小学生のお子さんを持つママからは、よくこんな声を聞きます。

「学校でなにがあったか、うちの子全然話してくれないんですよ〜」

そんなときは、決まってこう聞きます。「自分の話はしていますか?」と。

「え?」とびっくりした反応をする人が多いのですが、子どもは、大人の鏡です。大人が日常的にしている行動こそ、子どもは真似するようになるのです。

だから、自分が普段していないことを突然子どもに求めたって、それは難しいでしょう。

子どもに自分から話をしてほしい、というのであれば、まずは親である自分が日々起こった、何気ないことを話してみてください。

「今朝は、パパが全然起きてくれなくて、本当に起こすの大変だったのよ」

「今日ね、牛乳が飲みたくなって冷蔵庫をあけたら、賞味期限が切れていて、飲めなかったの」

……など、どんなことでもよいのです。

自分にとって特別なことがなかった日のことを話すのは、なかなか難しいものです。でも、本当にささいなことでも、くだらないことでも、「言葉のキャッチボールがある」ということが、大切なのです。

私たちは、まだ言葉を話せない0・1・2歳児のママたちにも、

「相手がまだ小さくて、理解できないだろうと思わずに、毎日寝る前に、今日あった何気ない出来事を話す習慣をつけてみてください」

と伝えています。

そうしておけば、言葉が話せるようになったとき、今日あった小さな出来事を、喜んで話してくれるようになります（もちろん子どもの性格にもよりますが）。

暮らしの中にこうした時間を作ることで、自然と対話が生まれる家族になっていくのです。

## 4 子どもの言動をそのまま受け止めない

### ◆子どもが絵本を読んでほしがる本当の理由

「昨日の夜、バタバタしてて、絵本を読んであげられなかったんです」

自分を責めるように話してきたママがいました。そのママは、2人のお子さんを育てながら働いていて、いつも忙しそうにしています。最近は、子どもよりも先に寝てしまうことも多いのだとか。

「読んであげたい」という気持ちを持つのは構いませんが、たとえ読めなくても、どうか自分を責めないでください。

絵本はコミュニケーションツールのひとつにすぎません。子どもが、なぜ絵本を読んでほしがるか知っていますか？

絵本の内容を心から楽しみにしている……なんていう場合は、少ないのです。

正解は、「絵本を通してママに甘えたい」から。ママの膝の上に座れたり、ママの優しい声を耳元で感じられるから。子どもは、絵本よりもママが好きなんです。

## ◆子どもが求める本当のもの

私たちはコミュニケーションの中でも、スキンシップをとても大事にしています。「スキンシップ」と聞くと、体が触れあうなどの、身体的な接触のみを思い浮かべる方が多いのではないでしょうか。けれども、私たちはもっと広く、スキンシップをとらえています。

たとえ直接触れていなくても、相手との密な時間を味わうのは、子どもと関わる上で重要かつ効果的なコミュニケーションなのです。

女の子の場合は、髪を結う時間だって大切。「結んでもらうの、大好き」と子どもたちはよく教えてくれました。

また、男の子は年齢が上がるにつれて、恥ずかしさから甘えにくくなっていきます。叩いたり、蹴ったり、というような、一見攻撃的な行為もそうです。

3、4歳になると、仲良しの子ども同士でナイショ話を楽しみだします。お互い特別感を持てることが嬉しいのです。声や吐息を近くで感じることで、親密さを味わっています。ママやパパともナイショ話をしたがります。

見つめ合うのもそう。大人になると、〝見つめ合う〟なんてことは、なかなかしなくなりますが、〝目は口ほどに物を言う〟という言葉もあります。温かなまなざしは、言葉で説明するのと同等に、相手に気持ちが伝わるものなのです。

サッカーは本当はあまり好きではないのに、パパがついてきてくれるのが嬉しくて、サッカースクールに通っている男の子がいました。しかしそのパパは、サッカーを真面目にやっていないわが子を叱咤激励してしまいました。でも、「お父さんと一緒にいたかっただけ」という本音を聞き、「真面目にやれ！」と注意するのをやめたそう。

子どもが何かをリクエストしたときは、その行為自体が目的なのではなく、親とのコミュニケーションを求めているサインかもしれない、と考えてみてください。

### ◆暮らしの中のすべてがコミュニケーション

子どもとのコミュニケーション方法について色々ご紹介してきましたが、暮らしの中のすべてが子どもとのコミュニケーションなのです。

そう考えると、冒頭の例のように「絵本を読んであげられなかった」と罪悪感を抱くこともなくなるのではないでしょうか。親子の関係性がよりよくなるためには、普段の習慣を見直すことが何より重要です。楽しみながら、日常を少しずつ、よりよく整えていきましょう。

# 4章

# 親子関係がよくなる!
# すぐ取り入れたいしつけ、
# 4つの「しない」テク

# 1 「しつけ」という言葉に惑わされない

## ◆「しつけ」って誰のため？

「あの子、しつけがなっていないんじゃない？　と思われたらどうしよう」

そんな風に思ったことはありませんか？

ママたちから受ける質問の中で最も多いのが、「しつけ」に関すること。

「うちの子、挨拶しないいんです。ちゃんとしつけたくて」「食事中に、ウロウロ歩きまわるので、ちゃんとしつけしないとまずいですよね？」など、具体的な悩みが多く寄せられます。

そんなときは「そもそも、しつけって何だと思いますか？」と、一緒に考えるようにしています。

「おやこ保育園」でも、「しつけ」のテーマは大人気。しつけについて、色々な視点で向き合っていくのですが、その答えの多様なこと！

「早く食べなさい」と言われて育った人もいれば、「ゆっくり食べなさい」と言われて育った人もいる。真逆のことを言われてきたって面白いですよね。

それくらい、育った家族によって「しつけ」の概念が違う。だからこそ、私たちはママたちからのこういった質問に、一言では答えられません。

「しつけ」には、正解がありません。家庭ごとにちがって当たり前ですし、家族の中でさえ、ちがっていることがあるくらいです。

だから私たちは、こう思っています。

**しつけの定義は、自分自身で決めるもの。**

大事なのは、何をしつけるかよりも、「なぜしつけたいのか。どのようにしつけたいのか」だと思っています。

言い換えれば、大切なのは「What」ではなく「Why」と「How」の部分なのです。

## ◆理由なき「しつけ」は親のエゴ

ある人の家では、絶対的に父親がテレビ番組の選択権を持っていたそう。その理由は、「お父さんは偉いから」ということだったとか。子ども心に、その理由では納得しきれなかった彼女は、一方的に考えを押し付けられたという感覚が、今でも残っているそうです。
また別のケースで、親に「ご飯粒を残さず食べなさい」と厳しく言われて育った人がいました。その理由は「一生懸命お米を作っている人がいるんだから」だったそう。農家の人たちのことを思うと、残しちゃダメだ！　と、子ども心にも納得して、最後まで食べるクセがついていったということでした。それが今でも、習慣となっていて、結果的によかったと話していました。

あなた自身が受けてきた「しつけ」の中でも、なんであんなに厳しく言われていたんだろう、と疑問に思うことがあるかもしれません。
もしもあなたが、「自分も親にそうやって育てられたから」という理由だけで、子どもに同じ「しつけ」をしている場合は、一度、その「しつけ」について、大人になった自分として向き合ってみてほしいのです。正当な理由なき「しつけ」は、ちょっぴり危険。「親に押し付けられた」という嫌な記憶は、のちの親子関係への「しこり」へと発展するからです。

また、しつけの結果はすぐに出るものと思わないでください。

どんなことでも習慣化するには時間がかかるものです。

「できる、できない」を早く求めるのではなく、根気強く伝え続けることが大切。

そう、言葉と同じです。0歳の頃はまったく話せなかったのに、あるときから、急に話せるようになりますよね。しつけも親が何度も伝え続けるうちに、いつの間にか身についていた、ということが多いのです。

# 2 言葉だけでしつけない

## ◆子どもに届く「しつけ」とは?

言葉で子どもに伝え続けるのはもちろん大事なのですが、それ以外にもいくつかポイントを押さえると、より一層こちらの言いたいことが伝わるようになります。

ここでは、私たちが実際に保育園でも実践していた、「しつけ」の具体的なノウハウをご紹介します。

習い始めたばかりの外国語で話すときを思い出してください。子どもに伝えたいことがあるときは、「言葉は100%伝わるわけではない」を前提に、工夫をしたり、多様なコミュニケーション手段で補ってあげましょう。

次のページで「しつけにおける外せないポイント」としてまとめてみたので、活用してみてください。

# しつけにおける外せないポイント

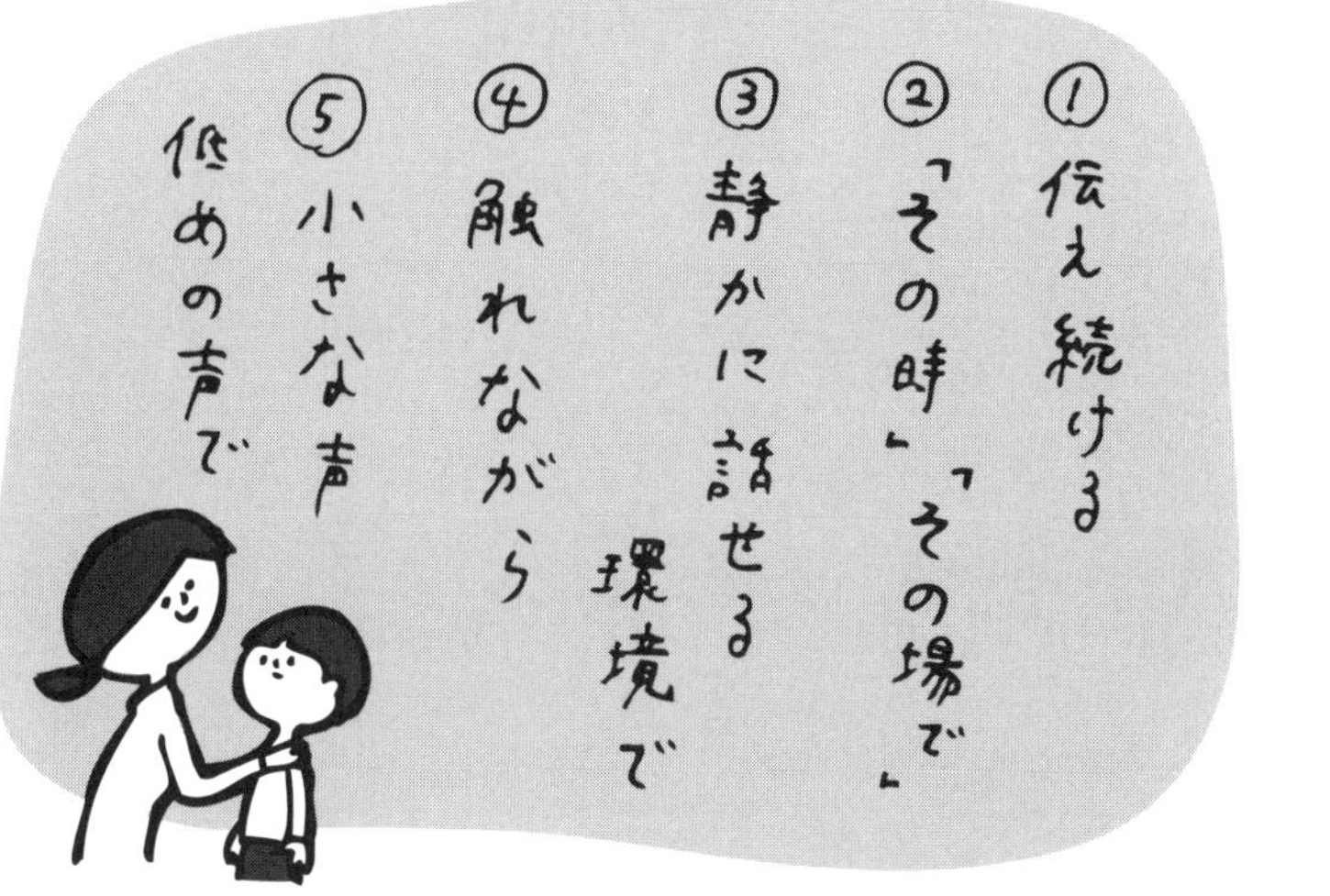
① 伝え続ける
② 「その時」「その場で」
③ 静かに話せる環境で
④ 触れながら
⑤ 小さな声
低めの声で

**①伝え続ける**

1度言われたくらいでは、子どもはすぐに行動を変えられません（大人も同じですよね）。

諦めずその都度伝え続けること、それが近道です。子どもの中にその考え方が蓄積していけば、ゆっくりと習慣になっていきます。

**②「その時」「その場で」**

「さっきの言い方はよくなかったよ」などと、時間が経ってから子どもに注意するのは効果的ではありません。子どもは記憶できる時間も短いので、その場で伝えましょう。

**③静かに話せる環境で**

人通りの多い町中や、大好きなテレビを目の前にして、子どもは大人の言葉に集中できません。真面目な話をしたいときには環境づくりが不可欠です。外なら人通りの少ない路地に入ったり、家ならテレビを消したり、部屋の隅に移動したり。少しでも集中しやすい環境をつくりましょう。

**④触れながら**

大好きな親に「注意された！」「叱られた！」と感じると、子どもは「嫌われた」「自分自身を否定された」と思ってしまうことも多いのです。腕でも、手でも、どこでもよいので、スキンシップをしながら伝えることをおすすめします。〝あなたを大事に思っているからこそ〟ということが伝わるからです。

**⑤小さな声、低めの声で**

大きな声や高い声は、何を言っているかわかりづらく、「よくわからないけど、怒っているみたいだから謝ろう」という風になってしまいがち。

実は小さい声や低い声のほうが、真剣さも、内容も伝わります。

## ◆日常にある、〝モノ〟に頼ってみよう

そうはいっても、環境やその他のことを整えて、同じことを繰り返し伝え続けることは、なかなか根気がいるものです。

そこで、おすすめしたい裏ワザがあります！　子どもに話を聞いてほしいときには、楽器などを使って、オリジナルの合図をつくること。これは、私たちも日頃からやっている方法で、とっても効果的です。

ちなみに私たちが使用しているのは、〝ティンシャ〟という楽器。なんとこれ、チベットの法具なんです。「チーーーーーン」という音が響くのですが、これが何とも心地よい。

「おやこ保育園」の子どもたちは、この鐘が鳴ると、動きを止めてこちらを見てくれます。実はこの鐘、もともと大人向けの研修で使っていたものなのですが、様々なシーンで大活躍してくれます。

「静かにしてください！」「こっちを見て！」と大きな声を出したり、何度も声をかけずに済むので、とても便利。また、知らされる方も、大きな声を出されるより、鐘

の音のほうが心地よく、お互いストレスが発生しません。

園に勤めている頃、元気な子どもに囲まれていると、ついつい大きな声になっていき、喉を傷めてしまうことがよくありました。

仕方なく小さな声でお話をしたところ、その方が、子どもが〝聞こう〟という意思を示してくれたのです。これは衝撃でした。

子どもに聞いてもらうために「大きな声」を出していたのに、それを手放したらうまくいったのですから。この一件以来、「大きな声」に代わるものを探すようになり、この鐘に行き着いたのです。

大人に、いつもとちがう「小さな声」を出されると、何か大切なことを言おうとしているのではないか、と子どもは自発的に耳を傾けてくれます。

「この鐘の音が聞こえたら止まってね」と言うのも、これと同じように、子どもが自分の意思で止まることになる。だから楽なのです。

こんな風に、色々な音を試して、心地よいと感じる音で、オリジナルの合図をつくってみてはいかがでしょう。電子ピアノや、トライアングルなどもよいかもしれません。視野を狭くせず、使えるものは用途がちがっても、何でも使ってみてください！
ひと工夫するだけで、苦しいしつけのシーンも明るいものに変わるかもしれません。

# 3 子どもの敵にならない

**◆怒られることを怖がる子どもと、しつけに戸惑う大人**

保育士をしていると、「あ！　怒られる」と察すると、ピューッと逃げてしまう子と出会うことがあります。

おそらく、その子は怒られることを怖がっています。

大きな声を出されたり、大人に意見を一方的に押し付けられたり……という経験が重なると、子どもは話し合いをすること自体を避けるようになってしまいます。そうなると、今後成長して大きくなったときにも、〝逃げグセ〟が付いてしまいます。わが子がこういう状態になることは、避けたいですよね。

ご存知の通り、子どもはまだまだ発達途中です。しつけについても焦らないで大丈夫です。

特に、1・2・3歳の子どもへのしつけは大変だと嘆くママが多くいます。

それもそのはず。自我が芽生え、イヤイヤ期に差し掛かる時期だからです。

この時期は、他人の目が気になりません。他人に「変なの」と思われたって、へっちゃら。それよりも、自分の感情が第一です。

とても子どもらしく素敵な時期なのですが、自分の「〜したい！」という気持ちが大きすぎるあまり、危険な状況に陥ることも。たとえば、アッアツの料理を「自分で運ぶ！」と聞かなかったり、手をつないでいてほしい道路で、「いや！」と振りほどいたり……。

まだ、自分で自分をコントロールすることが難しく、危険であることにも気づかない。親としては、ヒヤヒヤすることが多いですよね。そんなときには「発達途中だから仕方ないわね」と言っているわけにはいきません。

「どこまで子どもの気持ちに寄り添えばいいの？　どこからはしつけとして叱っていいの？」というママたちの声が、よく聞こえてきます。

## ◆叱らなくても、伝わる方法

そもそも「しつけ」というと、どうしても「叱る」という言葉が同時に浮かび上がってきますね。「しつけ」を行う過程で、「叱る」という局面が出てくることが多いからだと思います。

では、なぜ子どもを叱るのか。それは〝してほしくないことをやめてほしい〟からですよね。もしくは、〝こんなときにはこうしたほうがいいのよ！　と教えてあげたい〟のではないですか？

そんなとき、私たちがおすすめしているのは、次の「しつけ方程式」です。

今回は、「お友達のブロックを突然横取りしてしまったわが子」というシチュエーションで練習してみましょう。

---

①**気持ち受容**：子どもがなぜその行動をしたのか考え、まずは気持ちを受け止めてあげます。

「そのブロックで遊びたかったんだね」と、子どもの気持ちを代弁するように言ってみてください。

②**事実理解**：その行動をしたことで、起きてしまった事実を子どもに知ってもらうことが必要です。

できれば言葉だけでなく、実際に〝見せて〟あげたほうが効果的。

「Kくんが泣いてるでしょ！」とストレートに伝えるより、「Kくんのお顔みてごらん。どんな顔してる？」と、聞いてみる。

すると、ブロックを横取りされて悲しそうにしている相手の子の顔に〝気づく〟ことができるのです。

③**解決策**：今後も同じことが起きたときのために、どうすればよかったのか考えます。

3歳以上であれば、「Kくんがそのブロックを使っているときには、どうしたらいいかな？」などと、一緒に解決策を探してみてください。0・1・2歳児であれば、「終わったら、貸してもらおうか」などとこちらから提案してあげましょう。

**④向き合えた時間を認める**：話がすべて終わったら、実は最後にやるべきことがあります。「今、ちゃんと向き合ってお話ができたね」「正直に話してくれてありがとう」と、この一連の時間そのものを、認めてあげるのです。

---

しつけ方程式を、子どもの気持ちに立って言い換えてみましょう。次のように子どもに思ってもらえれば大成功です！

「①ママに話してみようかな＋②ぼくがしたことでそうなったんだ！＋③こうすればよかったのか！＋④お話できてよかった！」

また、ママの気持ちも一緒に伝えると効果的。必ずしも言葉で伝えなくても、「悲しそうな顔をして見つめたら、1回しか言っていないのに子どもが聞いてくれた」という体験談も寄せられています。

先ほどの例のように、子どもが他の子のおもちゃを横取りしたときは、「それで遊びたくなっちゃったね。楽しそうだもんね（気持ち受容）。だけど、突然取り上げたらKくんが悲しいね（事実理解）、ママはあなたがお友達を悲しませる人になったら嫌だよ（ママの気持ち）。終わってから借りようか（解決策）」などというようにできればバッチリ。

もちろん、解決後には、「話し合いができたね。素敵だったよ（向き合えた時間を認める）」もお忘れなく。

何度もこのようなやりとりが重なると、子どもは自分の「〜したい」衝動だけで行動してはダメなんだ……と少しずつ気づけるようになっていくのです。

とはいえ、緊急時にこの方程式をいつも思い出すのは簡単なことではありません。でも、子どもに何度も言わなくても行動してくれるようになったら、長い目で見ると、その方がずっと楽になると思いませんか？　普段のしつけに、少しずつ取り入れてみてくださいね。

最後に、「しつけ」をする上で、一番大事にしたいこと。

それは、子どもにしてほしいならば、親が体現する、ということです。毎日実践している姿を見せることで、子どもの中に、その習慣がスッと入っていきます。完璧にできなくても大丈夫。いつの時代も、子どもは親の背中を見て学んでいくものなのです。

# 4 「すごい」「えらい」「うまい」に頼らない

## ◆ほめたことがアダとなる!?

ほめる子育てがよいという考え方があります。「ほめて伸ばしましょう」という主張は、ごもっとも。子どもに、ポジティブな言葉をかけることはどんどん行ってほしいと思っています。

しかし、「ほめる」にも色々あります。実は「ほめ方」によっては、子どもに逆効果をもたらすこともある……という落とし穴をあえてご紹介します。

保育園に勤めていた頃、「ほめるって難しい」と、保育士同士で話すことがありました。なぜなら、意外とバリエーションが少ないからです。

「すごい」「えらい」「うまい」だけに頼ってほめている人は、思いのほか多いのではないでしょうか。私たちはそれらの言葉だけでほめることを、あまりおすすめしていません。

よく知る保育園で、こんなやりとりがありました。夕方、一斉保育で異なる年齢の子どもたちが数人集まっていたときのこと。Tくんはそこにいた誰よりも上手に折り紙で手裏剣をつくれたので、ある先生が「すごい！」とほめました。そう言われたTくんは、翌日自分のクラスで、手裏剣がつくれない子のことを、「あいつは、すごくない。ぼくはすごい」と言っていました。それまで、友だちに対して優劣をつける発言などしたことがなかったTくんだったのに……。

このエピソードは、大人として、色々考えさせられます。子どもは素直です。信頼する大人の言うことを信じます。大人の何気ない「すごい」という発言を聞いて、大人の基準を子どもがそのまま取り入れてしまうことがあります。これは、よい面もありますが、危険性もある、という事例です。

ある高校生が、「親にほめられるために必死で勉強していた」と話してくれたことがありました。「ほめられないと、自分が必要とされないのではないか、という不安がいつも心にあった」と思っていたそうです。他にもそういった声を多く聞きました。大人の何気ない「ほめる」という行為が、子どもに大きな影響を与えることもあるのです。だからこそ、大人は何気ない一言の影響力を自覚し、ほめるときにも、どんな風に言ったらその子にとってよいだろう、と言葉を選ぶ必要があるのではないでしょうか。

## ◆ほめるよりも、認めてあげる

では、どうしたらいいのでしょう。それは、とってもシンプルです。

子どもの言動や喜怒哀楽を、そっくりそのまま認めてあげること。そこに自分の評価を挟まずに、「目の前の事実」を言葉にするだけでいいのです。

子どもがとても真剣に描いた絵があったとしましょう。

「ほめたい!」と感じたあなたは、なんと声をかけますか?

思わず、「すごい!」「うまい!」と言いたくなると思いますが、焦らず言葉を選んでください。

先ほど伝えた通り、ぜひ、「目の前の事実」を言葉にしてあげてほしいのです。

「雲を大きく描いたね〜!」「ずいぶん細かく描いてるね!」「このお花の色、ママ大好き!」と伝えてみる。子どもは「そうでしょ?」と言わんばかりに笑顔になると思います。それだけで、もう十分彼らは満足するのです。

子どもは、大雑把に「すごい！」とだけ言われるよりも、「あなたの太陽は、緑色なのね！」などと具体的に見てくれたことのほうが嬉しいのです。お話ができる年齢なら、太陽を緑色にした理由を聞けば、きっと答えてくれるでしょう。


「すごい！」「うまい！」では物足りない……という気持ちは、大人こそが知っているのではないでしょうか？　頑張って時間をかけて料理を作ったとき、食べた人がどんなことを言ってくれたら嬉しいですか？

「うまい！」に加えて、「しっかり出汁《だし》がとってあるね」「今日はこのお皿に盛り付けたんだね」と、もう一声あったら、きちんと見てくれていると感じて嬉しいですよね。

このように、事実をそのまま認めるようなほめ方を続けていくと、自分なりの表現を楽しみ、自分らしさを大事にする子になります。

**自分らしさは、人間にとってとても大切**。

しかし、「自分らしくやってみて!!」と言葉で言われていきなりできるようなものではありません。

「ほめる」は、実は「認める」ということ。小さな頃からのひとつひとつの〝認める〟の積み重ねが、自分らしさをつくっていくのです。

そんな風に考えると、「ほめる」ことも立派なしつけのひとつであるということに、気づいて頂けるのではないでしょうか。

# 5章

## 「しない」子育てで、ママも子どもも幸せに！

# 1　子どものためのママ友はいらない

**◆自分の本来の性格まで変える必要はない**

「子どもを社交的に育てたい」「コミュニケーション力を身につけてほしい」という願いのもと、0・1・2歳から、子どもが友達をつくれるように必死に努力をしているママがいます。

面白くないのに笑ってみたり、興味のない話にあるふりをしてみたり……。ママが自分らしさを隠してまで頑張りすぎる必要はありません。気持ちはわかるのですが、子どもはちゃんと、順応性を持っています。

0・1・2歳は、自分のつくりだした世界にどっぷり入り込むことが得意な時期。もちろん例外もありますが、他の子に興味を持ち、積極的に関わろうとする発達段階は、もう少し先と言われています。

ある程度の年齢になると、世界が広がり、他の子にも興味関心が出てきます。そうなれば、だんだんと関わりが楽しくなってきて、その中でコミュニケーション力や社会性が自然と身についていくのです。

「保育園に預けてないから社交的な子にならないんじゃないか」と気にしているママは多いのですが、集団生活をさせることだけが重要なのではありません。

早くから色々な出会いを経験させたいと焦る気持ちが出てきてしまいそうですが、その機会は、無理につくらなくても大丈夫。環境や条件がピタッと合ったときこそ、経験すべき時期がきたのだと思いましょう。その環境が、今目の前にないのであれば、親がわが子のために無理をしてママ友をつくり、子ども同士を遊ばせる必要はありません。

子どもは大人が思うよりもたくましいもの。その環境になったらちゃんと適応していきます。現に私たちも、小笠原は年中組から、小竹は年長組からしか幼稚園に行っていません。

それでも、今現在コミュニケーションで大きな苦労をしてはいません。乳幼児期を親と家で過ごした私たち二人ですが、今や周囲からも太鼓判を押されるくらい社交的です（笑）。時間が経てば適応して、馴染んでいくのです。

## ◆社会性って何だろう？

「ママになるってことは、公園デビューしないといけない！　でも、私は人見知りだからちょっと億劫《おっくう》」という声をよく耳にしますが、そういう方は、どうか無理はしないでください。

それでも不安に感じたり、後ろめたくなったりする人は、次の質問を自分に問いかけてみましょう。

「身につけさせたい社会性って具体的には何だろう？」

この質問に答えることは、なかなか難しいですよね。

たとえば「相手を思いやる心を育てたい」だったとしましょう。それは、同年代の子からしか学べないものなのでしょうか？　もちろんちがいますね。

「子どもと同年代の友達をつくってあげたい」という思いに縛られる人が本当に多いのですが、それより、自分が今まで生きてきたフィールドを思い出してみてください。

自分のコミュニティに、わが子を連れ出してあげればいいのです。

ダンスなどの習い事の仲間や、地元にいる友達、近所のおじいちゃん、おばあちゃんでも構いません。大人だってコミュニケーションを育む相手になってくれるということを知ってください。

犬や猫など、動物とのコミュニケーションから学べることもありますよね。だって、隣の家の犬とどう仲良くなるのか。それこそ、言語以外のコミュニケーション力を問われますよね。あらゆる手段を使って、相手のことを想像して、仲良くなっていくためにはどうしたらいいかを考えるのがコミュニケーション。相手がどんな年齢でも、どんな生き物でも。そう考えると、自分がすでに子どものためのいろんな交流先を持っていたことに気がつくのではないでしょうか？

また、「いつも○○君とばっかり遊んでいるから、交流を広げてあげなきゃ」と「してあげなきゃ」リストを増やす必要はありません。友達の数が多ければいいわけではないと、誰よりも知っているのは、親のあなた自身ではありませんか？　それに、同じ友達とだって、いつも異なる状況でのコミュニケーションがあるのですから。

それよりも、この時期に大事なのは**ママや家族**など、**身近にいる人たちとの関係性**を、**深く確かなものにすること。**無理に同年齢の子どもを探さなくても大丈夫。肩肘張らず、その日その日を親子で暮らす。その中で、社会性とは何か、その答えをゆっくり子どもと見つけていきましょう。

# 2 自分の〝好き〟を見失わない

**◆ママである前に、たったひとりの人間**

「おやこ保育園」には子どもが主役の時間とは別に、大人が主役の時間として〝ペアレンツ・ダイアログ〟というプログラムを設けています。私たちがレクチャーをするのではなく、その日のテーマについて、その場にいるママ同士でゆっくりおしゃべりをしてもらう時間です。

「いいしつけって何だろう？」「いい家族って何だろう？」「個性って何だろう？」など、子育てをする中でよく耳にするテーマを毎回設定しています。

ママになると、かつて自分が大事にしていたことをいつのまにか見失ってしまう人が多く、皆口々に「初めての子育ては不安で大変」と言います。

たとえば、ママになる前は自分ひとりで判断できたことでさえ、まわりに答えを聞こうとしたり……。疑問を持つことはいいことですが、失敗しないための情報探しに必死になると、しんどくなるいっぽうです。

しかし、「不安になるな！　人に頼るな！」と言われても困ってしまいますよね。

では、どうすればよいのでしょう。

実は、ペアレンツ・ダイアログを行う理由がここにあります。

慌てたり、焦ったりしながら答えを探し続けるよりも、近道があるのです。

人の心は、不安でいっぱいになると、自分の中にある正解を見失ってしまいます。

そして、正解はきっと外にあるのだと思い込んでしまい、探し続けます。

しかし、**正解は**、いつでも**自分の中に隠れて**います。

**不安を抱えながら動き続けるよりも、〝一度止まる時間〟**をつくってみてください。

その時間が、自分らしい答えへとつながっていくのです。

**◆自分の〝好き〟を取り戻すために**

「わが子には、自分らしく生きてほしい」と多くの親が願うものでしょう。しかし、子どもが自分らしく生きるためには、一番近くにいる親自身がそれを体現することが最も近道なのです。

初回の「おやこ保育園」での、ペアレンツ・ダイアログのテーマは「自分らしさ」。

「自分の〝好き〟を10個書いてください」というワークをします。10個すぐに書ける人もいますが、実はなかなか出てこない人がたくさんいます。赤ちゃんが生まれてから、自分の時間なんてほとんど取れずに過ごしてきたママたちは、自分が何を好きかも忘れてしまうことが多いのです。「子どもが、子どもが」と先に考えるようになるためでしょう。

たとえば、「子どもがピンクを好きだから」「子どもがこのキャラクターを好きだから」と、自分の趣味とは違う色や柄の物たちが増えていくのです。そんなママたちに、自分の〝好き〟をもう一度思い出してもらうのがこのワークの狙いです。

自分の〝好き〟を忘れてしまう弊害は、自分らしい子育てから遠ざかり、子育てが楽しくなくなってしまうこと。

もしあなたが青を好きだったら、子どもがピンクを好きだったとしても、青の物を買ってもいい。もしあなたがジャズを好きだったら、子どもが童謡を好きだったとしても、ジャズを流したっていい。

「理由はないけど、なんだか好き！」という感覚は、〝自分らしさ〟そのもの。人は好きなものに囲まれたり、好きなものに触れたりするだけで元気が湧いてくるものですよね。

子どものためにも、毎日を楽しむためにも、自分の〝好き〟を取り戻してみませんか？　まずは、子どもがひとりで遊んでいるときなど少しの時間でも構いませんので、小さな趣味を復活することから始めてみましょう。

## ◆好きなことに夢中な大人の背中を見せる

自分自身の「好きなことに夢中な姿」を、日常の中で子どもに見せていますか？

成長するにつれ、子どもは自分の欲求を強く主張するようになっていきます。実は、その求め方の多くは、「自分でやる！」か「先生、やってやって」に、分かれます。

「やって！」と受け身になる子は、日頃から大人にやってもらうことに慣れているので、あらゆる場面で消極的になりがちです。本当はできる力があっても、大人がやってくれることがわかっているので、やってみようという気持ちにならない。

さらに残念なのは、子どもがせっかく自分でやってみたのに、大人が「違うよ」と、見本に沿って訂正してしまうパターン。こういうことが多くなると、意欲を失うばかりか、自信も失ってしまいます。

大人は無意識に「正解」にとらわれがちなので、おもちゃでもなんでも、「こうしたらどう？」という、おすすめが実に多い。

正解とはちがっても「そういうやり方もあるね」と、親が日頃からちょっと意識を向けて言葉をかけるだけで、子どもは受け身にならず、表現することに意欲的になれるのです。

私たちは仕事でよく高校生とも関わりを持つのですが、進路を考える上で、「やりたいことがない」「やりたいことがわからない」という悩みにぶつかる生徒が少なくありません。

彼らに話を聞いてわかったことは、幼少期には皆〝好き〟なモノやコトがあったのです。しかし、道で見つけたお気に入りの石ころは、「そんなもの、捨てなさい」と言われてしまった。集中して絵を描いているのに、「いつまでもそんなことしていないで、これをやりましょう」と言われてしまった……。

もちろん大人の方に悪気はなく、よかれと思って、そのときそのときによいと思うことをすすめたのでしょう。

しかしそうやって、無意識に大人が、子どもの〝好き〟を取り上げることが続くと、子どもは自分の〝好き〟なんてどうでもいいことなんだ、と思ってしまいます。そしていつしか、自分の意思で選ぶ、ということさえできなくなっていくのです。

子育て中も自分の〝好き〟を見失わないことこそ、親が自分らしさを尊重している姿そのもの。それは、親自身が自分の個性を大事にしていることにつながります。

自分の〝好き〟を書きだす際、夫婦や家族で一緒に取り組むのもよいでしょう。パートナーや自分の家族の〝好き〟を5個答えることができますか？

意外と答えられなかったり、忘れちゃったりという人が多いんですよ。

重要なのは「相手のどういうところが好き」ではなく、「相手が何を好きか」ということに改めて向き合える点。

子どもも大事。自分の〝好き〟も大事。そして、一緒にいる、家族ひとりひとりの〝好き〟もすべて大事。

こんなふうに全部の〝好き〟を尊重して暮らすことができたら、きっと子どもも「自分らしさ」を大事にする子に育つでしょう。

# 3 自分の〝個性〟を知ってる？

## ◆本当の〝個性〟とは

ここまで、たくさんの「○○しない」をおすすめしてきました。

たくさん紹介したので、「結局、何をしなければいいんだっけ？」と戸惑っている人も多いはず。

最後は、あなたの子育てで、この本の中のどれを実践するかを選びやすくするために、あなた自身の個性を再確認していきましょう。


改めて、質問します。

「あなたの、個性ってなんですか？」

この質問をすると、多くの人が「明るい」「まじめ」「大雑把」などと答えます。さて、本当にそれだけがあなたの個性でしょうか？　子どもが生まれると、「個性」という言葉そのものを、よく使うようになりますね。だからこそ、そもそも「個性って何だろう」という問いそのものに向き合っておきたいと思います。

先程の「明るい」「まじめ」「大雑把」。実はこれ、たくさんの個性の中の、たったひとつにしかすぎません。それでは一体、「個性」とは……？

自分の中の〝好き・嫌い〟も立派な個性。

「こんなときに悲しい」「こうされると嬉しい」という気持ちの動きさえも個性。

生まれながらに備わっている、「できること・できないこと」ももちろん個性。

要は、あなたをつくるすべての要素のひとつひとつが、個性なんです。

## ◆たくさんある自分の〝個性〟を集めてみよう

なぜか「個性」というと、わかりやすい特徴や、何か特別な才能じゃなければならないのでは!?　と、思ってしまいがちではないでしょうか。

でも、そんなことはありません。

自分に備わっているもの、自分の中から生まれてくるものは、すべて自分の個性なのです。

しかし、鏡を見ないと自分の姿が見えないように、日頃、自分のことって、一番見えていないもの。

そこでおすすめしたいのが、パートナーや親戚、友達、職場の人など、近くにいる人に、「私ってどんな人だと思う？」と、聞いてみることです。

たとえば、「あなたはいつも人を気遣ってくれるね」など、自分だけでは気づけない新たな発見があるはずです。

一方で、本当に自分しか知らない自分らしさもあることでしょう。たとえば、「人前では明るくしているけど、実は落ち込みやすい」など、こんな風に、周りの人や自分自身に改めて問いかけてみると、自分の個性がこれまでより一層、見えてきます。

あなた自身があなたらしさを知り、そして、それを大事にしようとすることこそ、あなたらしい子育てに直結するのです。

# 4「凸凹論」という考え方

◆人は誰もが〝凸《デコ》〟と〝凹《ボコ》〟を持っている

自分らしさを知る上で、自分が本来持っている「凸凹《デコボコ》」がとても大事になってきます。

「できること・できないこと」のことを、私たちは凸凹と呼んでいます。

凸凹の「凸」の部分は、努力しなくてもできてしまうこと。得意なことや、好きなことなどを指します。一方、凸凹の「凹」の部分は、努力してもなかなか上手にならないことや、やる前からくじけてしまいそうなこと。

凸と凹。この漢字、なんだか可愛らしいと思いませんか？

デコとボコが補完し合っている、ということが、漢字の形からもわかりますね。

私たちは、この凸凹という言葉を用いたオリジナルの理論を、日頃から、とても大切にしていて、あらゆる考えの基軸にしています。

## ◆凸凹論とは？

「自分自身の強みや弱みを含めた特性に気づき、受容することで、結果的に、他者の持つ特性をも受容できるマインドがつくられていくこと」

これが私たちが行きついた凸凹論の考え方です。この凸凹論、子どもも含めた他人とのかかわりを劇的に楽にしてくれる秘策なのです。それはなぜかをお話ししていきたいと思います。

どうやら人は、大きくなるにつれて、「〝できない〟ということは、恥ずかしいこと。できるようにならなきゃ！」というような考えが生まれていくようです。

たとえばあなたがあるメーカーに就職するとしましょう。配属は営業部。そこではみんな同じように、営業ノルマを課されます。でも、中にはノルマの半分しか達成できない人もいれば、倍くらい軽く達成しちゃう人だっています。さらに、営業は不得意だけど、広報の仕事はとても得意な人、経理なら任せて、という人だっています。

そう。人が持っている力や特性の種類はこんなにも様々なのに、同じ条件の仕事内容がただ割り振られていくのでは、うまくいきっこありません。

ひとりひとりの特性を見ていけば、仕事をうまく分担して、〝適材適所〟となる可能性があるのに……現実社会では、なかなかそうはいきませんね。それどころか、「なんでノルマを達成できないの？」「みんな達成しているのに、社会人として失格です」などと言われ、周りから責められてしまう。

〝大人〟らしく、〝会社員〟らしく、〝親〟らしく……と考えていると、いつのまにか、重たい鎧《よろい》をまとってしまうのです。

「こうであらねば！」と、その鎧が重くなるほどに、本来の凸凹な自分自身のカタチを忘れていきます。挙句の果てに、本来の自分を思い出そうとさえしなくなっていきます。そうなると、とてもつまらない。貝殻や石ころなどの自然物とおんなじで、人はそれぞれ、せっかく〝ちがい〟を持って生まれてきたのに！

そもそもスタートラインがちがうのに、〝みんな〟という主語で、同じように扱おうとすることが、大人社会の特徴なのかもしれません。

世間では、「子どもの個性を大事にしよう」とか、「相手を尊重しよう」とか、そういう言葉が叫ばれがちです。

でもそれってすごく難しいこと。だって実際に、大人社会ではなかなかできていないですよね。

それは、大人自身のせいだけではありません。**大人だって自分自身の個性を大切にされてこなかった人が多いから、どうやって人の個性を大切にしてあげればよいのかがわからないのです。**

## ◆弱みを見せると、手に入るもの

実は、私（小竹）はピアノがとても苦手でした。保育士時代、家で毎日何時間も練習を重ねても、翌日の朝の歌では、やっぱり間違えてしまうのです。下を向いて、眉間にシワをよせて弾いている自分に、あるときハッと気づきました。これではいけないと思い、勇気を出して、子どもたちに素直に伝えてみることにしたのです。

「先生ね、ピアノが上手に弾けなくて、間違えるから困ってるんだ」と。

すると子どもたちが口々に言いました。「大丈夫だよ、先生！」「ぼく、歌をもっとがんばるよ！」と。子どもたちの〝ピアノが弾けなくてもいい〟という言葉に後押しされて、朝の歌の伴奏を、思いきってとても簡易なものに変えて弾いてみました。

手元に不安のなくなった私が、初めて顔をあげたとき——。とっても楽しそうな顔で歌を歌っているクラスの子どもたちが、そこにいました。

「ああ、私の役割は、子どもたちが楽しく歌を歌うサポートだった。何で今まで、下を向いていたんだろう」と、思いました。同時に、「よい保育士とは、上手にピアノが弾けるということだけではなかったんだ」ということに気づかされたのでした。

こんな風に私たちも、自分自身の〝個性を見つめ、気づき、受け入れた〟というステップを踏んで、ようやくここまで辿りついたのです。

# 5 凸凹を受け入れると、人生が楽になる

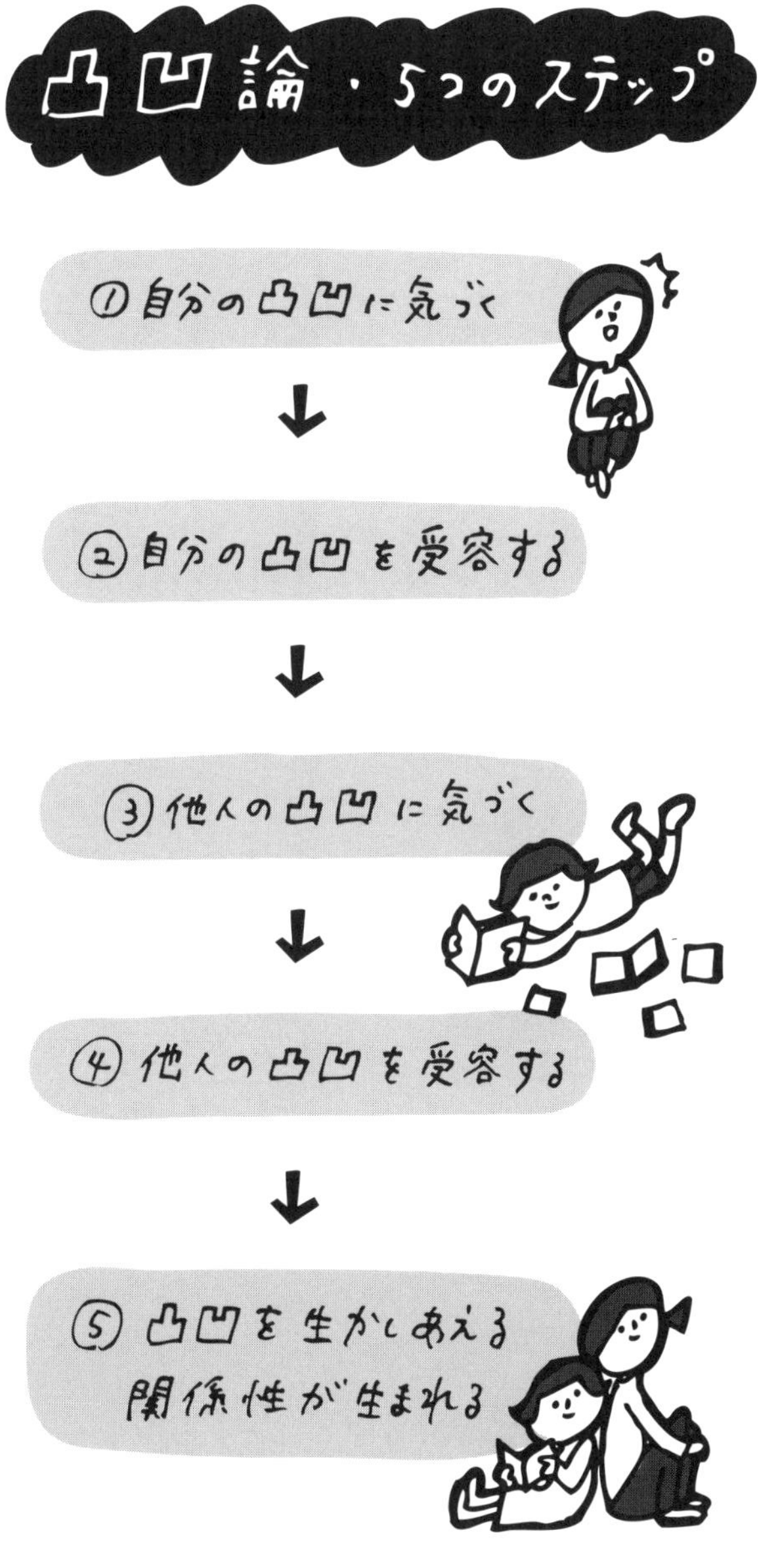
凸凹論・5つのステップ
①自分の凸凹に気づく
②自分の凸凹を受容する
③他人の凸凹に気づく
④他人の凸凹を受容する
⑤凸凹を生かしあえる関係性が生まれる

## ◆5つのステップで起こること

前ページの図をご覧いただけましたか。凸凹論で、はじめの一歩を踏めると、その後こんな嬉しい展開が起こっていきます。

### 〈①自分の凸凹に気づく／②自分の凸凹を受容する〉

何よりはじめに、自分自身の、弱みと強みを見つめてみます。

まずは、弱み。優柔不断？　方向音痴？　時間が守れない？　すぐ落ち込む？「自分のここが嫌い！」「いつも、これができない」。そういった部分こそ、この機会に勇気を出して見つめてほしいのです。

一見ネガティブだと感じてしまうと思いますが、すべてのことに裏と表があるように、ネガティブでしかないことなんて、なかなかありません。

たとえば「優柔不断」は、よく考えている証とも言えるし、「方向音痴」は、誰かに頼るたびに人の温かさに触れられるし、「時間が守れない」のは、「今」に没頭することのできる、子ども心を持ち合わせているということ。「すぐ落ち込む」人は、人の痛みにも敏感なので、相手に寄り添う力を持っています。

こんな風に考えてみると、「できない」ままでいる〝凹〟なことにも意味があるように思えてきませんか？　人は完璧であればあるほど、近寄りがたいものです。面白いもので、「実は私○○ができないんだ」と打ち明けると、「大丈夫、私なんて、こんなこともできないよ」と打ち明けられ、互いに不思議と心が近づいていくことは少なくありません。

それに、自分を頼ってくれた人には、自分がピンチのときに、頼りやすくもなりますよね。大人は何でもひとりでやろうと頑張ってしまいがちですが、頼り合える関係性が確立していくと、楽チンでお互いがハッピーになれるのです。

〝弱み〟の次に、自分自身の〝強み〟を見つめてみましょう。

これが、意外と難しい。本当に得意なことは、努力もせずできてしまっているので、それが自分の得意なことであると認識しづらいのです。

たとえば小竹は、昔から人前で話すことに抵抗がなく、あまり緊張しませんでした。自分では当たり前のことだったので、得意とは思っていなかったのです。あるとき、何も考えずに、講演中、マイクで人にコメントを求めたところ、「急になんて話せません！」「緊張する」などと言われ、初めて自分の得意なことに気づきました。

一方、小笠原は、話している内容をいつも自然に、図にしていました。ものごとを俯瞰する習慣があったのです。しかし、あるとき「わかりやすい！」「私にはできない」と、そこにいた人たちにほめてもらって、そこで初めて、「ああ、誰でもできることじゃないんだ」と気づいたのです。

生まれ持った「ギフト」。自分が持っている素敵な能力に気づかずに過ごし続けるのは、とてももったいないこと！

ぜひ、凸凹の両方に気づき、自覚と自信をもってほしいと思います。それこそが、自分の凸凹に気づき、受容するということです。

**〈③他人の凸凹に気づく／④他人の凸凹を受容する〉**

自分の凸凹に気づいて、「完璧じゃないけど、それが私だ！」と、納得できるようになると、不思議なことが起こっていきます。

意外かもしれませんが、他人に優しくなれるのです。

それまでは、「なんでできないの……？」と、イライラしていた人に対しても、「この人は、これが上手くできないのね。みんな凸凹を持ってるもんね」と、優しくなれるのです。実際に私たちのまわりでも、「子どもや夫に多くを求めなくなった」と言う声がとても多く寄せられてきました。

たとえば、キレイ好きなあるママは、家が汚いと落ち着かないので、夫にも子どもにも、〝当たり前に〟片付けることを求めていたそうです。でも、この凸凹の存在に気づき、自分に合わせたレベルを求めるのをやめたところ、家族みんなのストレスが減った、と教えてくれました。

凸凹の存在を知り認めることができると、他人への許容度が劇的に広がるのです。

**〈⑤凸凹を生かし合える関係性が生まれる〉**

自分と他人の凸凹に気づき、受容することでどうなるか。人はそれぞれ、生まれ持った素質があることにも気づけるようになります。

親子や家族、夫婦が互いに、〝本来のその人らしさを認めあえれば〟、特別なノウハウを使ったり、過度な努力をしなくても、よい関係性が築けていくのです。

相手を受け入れる。それが特に問われるのが、子育て。

「自分ができることはわが子にだってできるはず」とプレッシャーをかけてしまっていたり、「自分ができなくて苦労したから」と、早くから教え込もうとしたり……。

無意識のうちに、子どもを自分の分身のように思ってしまう人は少なくありません。

子育てに熱心であればあるほど、親は子どもの無限の可能性を信じてしまいますが、なんでもかんでも無限に伸びていくわけではありません。

**「できること・できないこと・できていくこと」がそれぞれある。**そう、あなた自身が、そうであったように。

## ◆凸凹論を実践するために

凸凹を知り、認めるというステップは簡単なことではなく、色々と質問を頂きます。

特に多いのは、「頑張っても、自分の弱みを好きになれません」という声です。弱みを好きになることは確かに難しいこと。弱みを、突然〝好き〟とまで言う必要はないと私たちは考えています。まずは、弱みを好きになれない自分のことを、肯定しましょう。それさえも自分らしさのひとつなのですから。自分では弱みと思っていても、人から見たら強みであることもある……ということをお忘れなく！

また、「できないことを、人に責められてしまう」という声もあります。できないことを責める人は、共通して、自分自身を本当の意味で受け入れられていません。自分の凸凹を認めていないので、人の凸凹も許すことができないのです。それはとても生きづらく、その人自身が一番つらいはず。

誰かに責められたとしても急にできるようになるわけではありません。自分のできることで補えないかという視点で考えてみると、新しい仕事や分担が生まれるかもしれません。また、正直に、「苦手だけれど、頑張っています」と誠意を持って伝えてみることも効果的です。

「できないことに対して、努力をしなくていいのか」と疑問に思う人もいます。

私たちは、自分の「努力のキャパシティ」と向き合った上で、努力をしてみるといいと思っています。無理をしすぎて、心を壊したり体調を崩したりしては元も子もありません。

自分のできるやり方で、自分のゴールに辿りつけるように色々試してみましょう。そして、子育てに凸凹を生かしてみてください。

## おわりに

### ◆迷ったときは、立ち止まってみよう

最後に3つの質問です。

1、「得意なこと（凸）」で、これからも続けたいことは何ですか？
2、「苦手なこと（凹）」で、もう解放されたい・するのをやめたいことは何ですか？
3、「苦手なこと（凹）」だけど、自分なりにやれる方法を見つけてみたいことは何ですか？

きっと、これからも子育てにいっぱいいっぱいになって、悩むことがあると思います。そんなときには、一度立ち止まって、右の3つの質問を自分に投げかけてみてください。

凸も凹も併せ持った自分と向き合った後に、「いい親でいなきゃいけない」「子どものためにやってあげなきゃ」と思っていることを疑ってみてほしいのです。「それは、絶対しなきゃいけないんだっけ？」と。

自分の「好き・嫌い」を思い出し、「できること・できないこと」を踏まえながら、暮らしの中で何を大切にしていくかを、ひとつずつ選びなおしてみてください。そこから、子どもの個性を併せて考えていく。その過程で、自分たち親子にとって本当によいオリジナルのやり方ができていくものなのです。

それは、お仕着せの「いい親像」ではなく、あなたたち家族にとってベストな「親像」です。

### ◆人間らしい、毎日を

本書では、様々な「〇〇しない」を挙げてきました。そうやって、一旦色々手放してみた先に、どんな景色が見えましたか？

「〇〇しない」と手放したときに、はじめて見えるものがあります。子育てで本当に大切にしたいことが見えてくるのです。「断捨離」や「禅」の考えとも似ています。「引き算」することで、本質が見えてくるものなのです。

伝えたかったのは、「大丈夫。もう、すでに、ちゃんとしているよ」というメッセージです。

大人がエンターテイナーにならなくても、あらゆるものが子どもたちを育ててくれている。子どもに無理にやらせようと先回りしなくても、子どもはちゃんと成長している。

実は、私たちは長い間、そもそも〝子育て〟という言葉に違和感を抱いていました。だって、子どもは〝育つ〟ものだから。


ちゃんと「子育てしている」のに、できていない気になって、たくさんのものを背負いすぎているママが大勢います。全部を完璧にできる人なんて、この世にいません。未完成で、凸凹しているからこそ、人間らしいのです。

「おやこ保育園」を通してママたちは気づいていきます。

ママである前に〝ひとりの人間〟であったことを。

そして、子どもたちがそうであるように、それぞれ「ちがい」があるのだから、いわゆる〝いい親〟になろうとしなくてよかったのだということに。

凸凹を大切にしながら、子どもと一緒に「今」を生きることを楽しんでみませんか？

大切なのは、いい親になることではありません。子どもの隣にいる大人が、どんな風に生きているか、なのです。

子どもも自分も凸凹でＯＫ！　みんなちがってバラバラだけど、それでも手をつないで、暮らしていく。

さあ。これからも、そんな毎日を家族で楽しんでください。

企画・構成　児玉真悠子
撮影協力　蓮華山　金剛院
協力　おやこ保育園の仲間たち
ほうかご保育園の仲間たち
今まで出会った親子の皆様

本書は書き下ろしです。

いい親《おや》よりも大切《たいせつ》なこと
～子《こ》どものために〝しなくていいこと〟こんなにあった！～

著者
小竹《こたけ》めぐみ　小笠原舞《おがさわらまい》

発行
2016年12月15日

発行者　佐藤隆信
発行所　株式会社新潮社
〒162-8711　東京都新宿区矢来町71
電話　編集部 03-3266-5611
　　　読者係 03-3266-5111
http://www.shinchosha.co.jp

印刷所
大日本印刷株式会社
製本所
株式会社大進堂

乱丁・落丁本は、ご面倒ですが小社読者係宛お送り下さい。

送料小社負担にてお取替えいたします。

価格はカバーに表示してあります。

© Megumi Kotake, Mai Ogasawara 2016, Printed in Japan
ISBN978-4-10-350621-8 C0077